ELOGIOS ANTICIPADOS PARA SOBREVIVIMOS AL HOLOCAUSTO

"Los alumnos de hoy pueden aprender de muchas maneras, caminos diferentes por los que ellos pueden enfrentarse a la complejidad de la historia, sobre todo a una historia tan difícil y dolorosa como la del Holocausto.

Sobrevivimos al Holocausto: la historia de Bluma y Felix Goldberg es un relato apasionante y conmovedor sobre dos judíos polacos que aguantaron y sobrevivieron a los campos de trabajo esclavo, los campos de concentración, los campos de exterminio y las marchas de la muerte para después encontrarse en libertad en otro tipo de campo – un campo de las personas desplazadas – para reconstruir sus vidas en Estados Unidos, dar testimonio, contar su historia y encarnar la capacidad humana de resistencia y regeneración. La historia habla de algunos de nuestros valores más importantes y ofrece un mensaje atemporal y oportuno en un mundo de guerra, antisemitismo y racismo como el del año 2022. Contada de forma sencilla pero no simplista, la historia de los Goldberg es ahora accesible a lectores de todas las edades, ¡e incluso a aquellos que no les gusta leer!"

—Michael Berenbaum, Profesor Distinguido de Estudios Judíos, Director del Instituto Sigi Ziering: Exploración de las Implicaciones Éticas y Religiosas del Holocausto, Universidad Judía Americana, Los Ángeles

"*Sobrevivimos al Holocausto* da vida al relato de Bluma y Felix Goldberg para una nueva generación de lectores, muchos de los cuales acojerán con agrado esta versión de una historia del Holocausto. De hecho, los poderosos dibujos de Tim Ogline y el texto conmovedor de Frank Baker hacen que esta vieja historia parezca nueva otra vez – una hazaña muy necesaria en estos tiempos espantosos. Tanto si es un maestro que quiere enseñar sobre el Holocausto como un apasionado de las novelas gráficas, va a querer tener este libro en su colección. No podrá dejar de leerlo, ni debería."

—William Kist, Profesor Emérito, Universidad de Kent State, autor de *Curating a Literacy Life*

"*Sobrevivimos al Holocausto* es generacionalmente necesario. Esta historia crucial de Bluma y Felix Goldberg contada en forma de novela gráfica garantiza que la generación de hoy no olvide la historia de ayer. La conmemoración y la reverencia se encuentran entre estas páginas."

—Anthony Zuiker, creador de *CSI*, guionista de televisión, productor, autor y editor

"El estilo gráfico de *Sobrevivimos al Holocausto* me recuerda tanto de Maus como de los dibujos raros hechos en secreto por los prisioneros de los campos de concentración para preservar la memoria de lo que les sucedió. Este es un libro para los jóvenes lectores del siglo XXI para quienes las palabras no son suficientes como para hacer que los horrores del Holocausto cobren vida."

—Michael Bazyler, jurista especializado en el Holocausto, Universidad de Chapman, autor del premiado *Holocaust, Genocide and the Law: A Quest for Justice in a Post-Holocaust World*

"¿Quién contará la historia de los sobrevivientes del Holocausto una vez que se haya enterrado al último? A través de esta impactante novela gráfica, Frank Baker ofrece una historia inspiradora, que incluye un drama inolvidable y un final que encarna la poderosa razón por la que adoptamos el mantra "no olvidar nunca". Esta historia está llena de detalles fascinantes. Un judío polaco se encuentra cara a cara con el Dr. Joseph Mengele antes de ser trasladado a un campo de trabajo forzado. Era el responsable de sacar los cadáveres de los hombres que morían de hambre en condiciones de trabajo esclavo. No muy lejos, otra joven judía polaca es deportada al campo de concentración Bergen-Belsen en condiciones aterradoras. Obligada a trabajar en un campo de concentración, Bluma Tishgarten roba comida para mantener viva a su hermana. Después de ser liberados, Felix y Bluma se conocieron y se enamoraron, emigrando a Columbia, Carolina del Sur en 1949. Trabajando duro, construyen una vida juntos y narran sus historias de sobrevivencia, hablando en escuelas y sinagogas. Esta novela gráfica atraerá a los lectores de todas las edades mientras se encuentran con los terrores del pasado con ojos nuevos. Con el azote de la intolerancia, el odio y el antisemitismo aún presente en la vida diaria, debemos seguir compartiendo las historias de los sobrevivientes con la próxima generación."

—Renee Hobbs, Laboratorio de Educación Mediática, Universidad de Rhode Island

"La historia de Bluma y Felix Goldberg camina con éxito por la línea fina, al capturar la experiencia humana mientras hace también justicia a la escala y monstruosidad del Holocausto, sin recurrir a las imágines horripilantes. Aquí, el lector ve tanto el bosque como los árboles. El detalle que se ofrece sobre el contexto general y la Primera Guerra Mundial es una adición bienvenida, como es el legado que los Goldberg seguían construyendo con su familia y comunidad en Estados Unidos. Si hay una novela gráfica que ha captado el amor profundo que tantos sobrevivientes sentían por su país adoptado, es ésta. Los mapas detallados y paisajes de Tim Ogline ayudan a crear una verdadera obra de arte."

—Dr. Doyle Stevick, Director Ejecutivo, Centro Anne Frank, Universidad de Carolina del Sur, editor de *Holocaust Education: Promise, Practice, Power and Potential* and *Research in Teaching and Learning About the Holocaust: A Dialogue Beyond Borders*

"*Sobrevivimos al Holocausto* es una poderosa novela gráfica que puede ayudar a los lectores, desde estudiantes de secundaria hasta adultos, a visualizar y comprender las atrocidades del Holocausto.

Escrito por Frank Baker e ilustrado por premiado artista gráfico Tim Ogline, es un relato personal importante de los espantosos retos a los que sobrevivieron Bluma y Felix Goldberg en los vagones de ganado, los campos de concentración y las marchas de la muerte.

Frank Baker, a través de entrevistas con los hijos Goldberg, presenta un resumen cautivador e informativo de la Primera y Segunda Guerras Mundiales, las condiciones en Europa bajo el régimen nazi y cómo fue la vida de los Goldberg desde su niñez hasta su muerte décadas después en Carolina del Sur. Las convincentes ilustraciones de Ogline cuentan las historias personales de supervivencia de Bluma y Felix Goldberg de una manera más realista y contundente que la que puede ofrecer el texto por sí solo.

En el libro se cita a Bluma 'De alguna manera, tememos que tal vez por eso sobrevivimos – para poder contar la historia.' No se me ocurre una manera más poderosa de contar la historia de los Goldberg que a través de la novela gráfica *Sobrevivimos al Holocausto: la historia de Bluma y Felix Goldberg*. Recomiendo mucho este título a los lectores de todas las edades. Como ex bibliotecaria escolar y actual educadora de bibliotecarios escolares, espero que este libro esté en las estanterías de todas las bibliotecas secundarias. Las historias de cómo los Goldberg, y otros judíos, sobrevivieron al Holocausto no deberían olvidarse nunca por las generaciones actuales ni futuras."

—Dra. Karen Gavigan, Directora Interina,
Escuela de Ciencias de la Información, Universidad de Carolina del Sur

"Conmovedor, oportuno, cautivador, aterrador, reflexivo, necesario. Necesario. Hoy en día, la historia se cuestiona, se manipula, se cambia o se niega según los vaivenes políticos. Frank Baker se ha asegurado de que la historia del Holocausto no sea cuestionada, manipulada ni negada. Esta novela gráfica tiene todo lo que quiere un profesor como recurso para enseñar este período necesario de la historia. Pero, lo que hace que esta novela gráfica sea emocionante es la conexión que tendrá el relato con los estudiantes. El increíble relato en combinación con los alucinantes dibujos llamarán la atención de cualquier estudiante distraído con las redes sociales. Enseñé historia por más de 31 años y ojalá hubiera tenido esta novela gráfica como recurso cuando enseñaba sobre el Holocausto. Los profesores y los estudiantes necesitan este libro. Esta historia debe ser enseñada."

—Perry McLeod, Profesor Certificado Google, Educador Distinguido Apple,
certificación del consejo nacional, Becario Fulbright/Alemania

"Con mucha rapidez estamos perdiendo la generación que vivió el Holocausto, lo que hace más crucial que nunca documentar sus experiencias horrorosas para las generaciones futuras. Los sobrevivientes han vivido entre nosotros, pero muchas veces no conocíamos las dificultades ni la valentía que los trajo hasta nuestras comunidades. Al crear Sobrevivimos al Holocausto como una novela gráfica, Frank Baker nos hace participar en una historia que es implacable en su duro detalle, sin nunca agobiar la inquebrantable humanidad y esperanza de Bluma y Felix Goldberg."

—David Kleeman, analista de niños y medios de comunicación

"La historia de los Goldberg es la historia de Estados Unidos. A pesar de todos nuestros problemas obvios, es todavía una bendita historia de inclusión, esperanza y éxito: dos personas que de algún modo sobrevivieron los horrores del Holocausto para encontrar otra vida en otro país. Recomiendo mucho este libro alentador."

—Marvin Kalb, ex corresponsal de CBS/NBC,
autor del ampliamente reconocido *Assignment Russia*

"Las palabras '¡nunca más!' resuenan con fuerza hasta el día de hoy, pero el mundo ha estado en terreno resbaladizo desde la Segunda Guerra Mundial. El Holocausto fue una carnicería de tortura y muerte. Esta novela gráfica bellamente ilustrada y escrita muestra el milagro de sobrevivir la devastación humana. Superar las más indignas condiciones de vida como han hecho los Goldberg y millones de personas más, habla sobre una fuerza interna difícil de imaginar. Este libro nos recuerda que debemos mantener viva la esperanza de que ninguna persona tenga que vivir bajo una dictadura brutal que no respeta la vida. El talento y el arte de este libro nos llevaron directamente al horrible mundo de los campos de concentración y los vagones de ganado como un puñetazo en el plexo solar. Debemos evitar tomar ese camino de nuevo. ¡Jamás! Esta novela gráfica franca y verdadera es una lectura imprescindible para recordar que debemos luchar para preservar la libertad para todos."

—Frances Metzman, autora, educadora, Profesora de la Universidad de Temple,
ha sido nominada dos veces al Premio Pushcart

Sobrevivimos al Holocausto

LA HISTORIA DE BLUMA Y FELIX GOLDBERG

ISBN #979-8-9896382-0-8 (Tapa blanda)

Impreso en los Estados Unidos de América

Primera edición español

Editora: Joy E. Stocke
Editor de desarollo: John Shableski
Diseño y composición: Tim Ogline / Ogline Design

Publicado por Tree of Life Books
102 Sandy Ridge-Mt Airy Road
Stockton, NJ 08559

www.treeoflifetreeofjoy.com

Sobrevivimos al *Holocausto*

LA HISTORIA DE BLUMA Y FELIX GOLDBERG

FRANK W. BAKER
con TIM E. OGLINE
y ESTHER GOLDBERG GREENBERG,
KARL GOLDBERG y HENRY GOLDBERG

Traducción de JULIA SACHS en
colaboración con BERENICE MARQUINA

Tree
of Life
Books

*"La historia de nuestros padres,
Bluma y Felix Goldberg, es difícil de contar.
Nuestra esperanza es que gente de todo el
mundo, tanto los jóvenes como los mayores,
puedan sentir una conexión personal con
nuestros padres al leer su historia."*

– HENRY GOLDBERG, KARL GOLDBERG
Y ESTHER GOLDBERG GREENBERG

CONTENIDO

"Para el sobreviviente que elija testificar, es claro: su deber es dar testimonio por los muertos y los vivos. No tiene el derecho de privar a las generaciones venideras de un pasado que pertenece a nuestra memoria colectiva.

Olvidar sería no sólo peligroso sino ofensivo; olvidar a los muertos sería semejante a matarlos una segunda vez."

– ELIE WIESEL

INTRODUCCIÓN

POR FRANK W. BAKER

En 2000, Felix Goldberg (de bendito recuerdo) me entregó el discurso que había acabado de pronunciar en nuestra sinagoga en Columbia, Carolina del Sur. La ocasión fue Yom Hashoá — el Día de Conmemoración anual — donde había testificado sobre su experiencia desgarradora del Holocausto.

Al bajar del escenario me entregó ese discurso y me dijo con su inconfundible acento polaco: "Frankie, haz algo con esto"... No me imaginaba cómo sus palabras cambiarían mi vida.

Yom Hashoá

mayo 2, 2000

La mayoría de ustedes han visto y oído del Holocausto. Fue un infierno vivo durante 6 años. Llevo cincuenta años viviendo aquí en este país maravilloso. Mi vida y las vidas de mis familiares han sido fuertemente influenciadas por la guerra. Ésta ya no me acompaña todo el tiempo. Pero hoy es Yom Hashoá y es apropiado que hable sobre mi pasado.

Nací en un pueblo llamado Kalicz en Polonia ubicado cerca de la frontera polaco-alemana. Había una población de unos 120.000 de los cuales 30.000 eran judíos. La población era muy pobre. La cultura judía abundaba. Teníamos el teatro judío, equipos de fútbol judíos, y muchas organizaciones religiosas y sionistas. Nací en una familia de 5 hijos. Tenía 2 hermanos y 2 hermanas. Era el menor.

Página de la charla de Felix Goldberg

He conocido a Felix y Bluma Goldberg (y a su familia) durante toda mi vida, pero no fue hasta ese día — cuando me encomendó que transmitiera su historia — que me di cuenta de lo poderoso e importante que fue ese momento.

Guardé el discurso en mi escritorio donde se perdió con los años. Pero sus palabras — "haz algo con esto" — volvían a mí. Sabía que yo era asesor educativo y así que mantener viva su historia era vital.

Al fin, varios años más tarde, después de desenterrar el discurso, pensaba en publicar su historia como pequeño libro de bosillo. Quería tener copias impresas para los estudiantes de secundaria y preparatoria en Carolina del Sur, donde la enseñanza del Holocausto fue obligatoria hace muchos años.

Esta idea cambió por la de crear un sitio web — un homenaje educativo que contaría su historia y la de su esposa. Le propuse a la familia la idea con un esbozo: el sitio web contaría su historia antes, durante y después de la Segunda Guerra Mundial, cuando ellos emigraron a Carolina del Sur. La familia contribuyó con una caja de material valioso de lo cual mucho está disponible en StoriesofSurvival.org.

Dos años más tarde, tras leer que a muchos jóvenes les falta el conocimiento básico sobre el Holocausto, me di cuenta de que tenía que hacer algo más. Entonces nació la idea de esta novela gráfica. Otra vez hablé con la familia que apoyó la idea con entusiasmo.

Este libro es más que la historia de cómo sobrevivieron dos judíos polacos. Es también un cuento con moraleja sobre lo que sucede cuando la gente se queda parada y deja que el antisemitismo, el odio y el prejuicio corran desenfrenadamente. No debemos ser espectadores inocentes. Debemos hacer oír nuestras voces cuando vemos y experimentamos el mal, tanto si ocurre en casa como al otro lado del mundo.

Estoy muy orgulloso de este trabajo y espero que usted, el lector, saque tanto de él como nosotros lo hemos dedicado.

– Frank W. Baker
Columbia, Carolina del Sur

Parte de las ganancias de la venta de "Sobrevivimos al Holocausto" se donará a las actividades educativas sobre el Holocausto en Carolina del Sur.

PRÓLOGO

Estimado lector: Cuando comiences a leer esta historia me gustaría que pensaras en las siguientes preguntas y en cómo *puedan ayudarte a comprenderla mejor.*

Primero... *¿Cuánto sabes sobre el Holocausto?*
¿Dónde lo aprendiste?

¿Sabías que en 1933 un poco más de 9.000.000 de judíos vivían en Europa?

¿Sabías que Hitler ordenó la muerte de más de 6.000.000 de judíos?

¿Sabías que más de 11.000.000 de personas fueron exterminadas en los campos de Hitler durante la Segunda Guerra Mundial?

¿Sabes por qué los nazis consideraban a los judíos una *raza inferior?*
¿Eres consciente de que los *mismos tipos de injusticias y atrocidades* suceden en todo el mundo?

Estas son las *preguntas que debes considerar* al leer esta historia real.

Tristemente, incluso hoy en día hay *gente que niega que haya ocurrido el Holocausto.* Incluso con todos los datos y las evidencias históricas, *se niegan a aceptar esta parte tan real de la historia de la humanidad. Eso es absolutamente trágico.*

Esta historia trata de dos personas que vivieron los horrores de la Alemania nazi.
Su historia se suma a la evidencia del Holocausto.

NOTA: Las palabras y frases que encontrará en la novela están definidas y descritas en el glosario al final del libro.

"Sé que ellos siguen oyéndolo cada año.
Pero aún hay que recordárselo a la gente."

– FELIX GOLDBERG

"De alguna manera, tememos que tal vez por eso
sobrevivimos — para poder contar la historia."

– BLUMA TISHGARTEN GOLDBERG

CONMEMORACIÓN

HOY EN DÍA

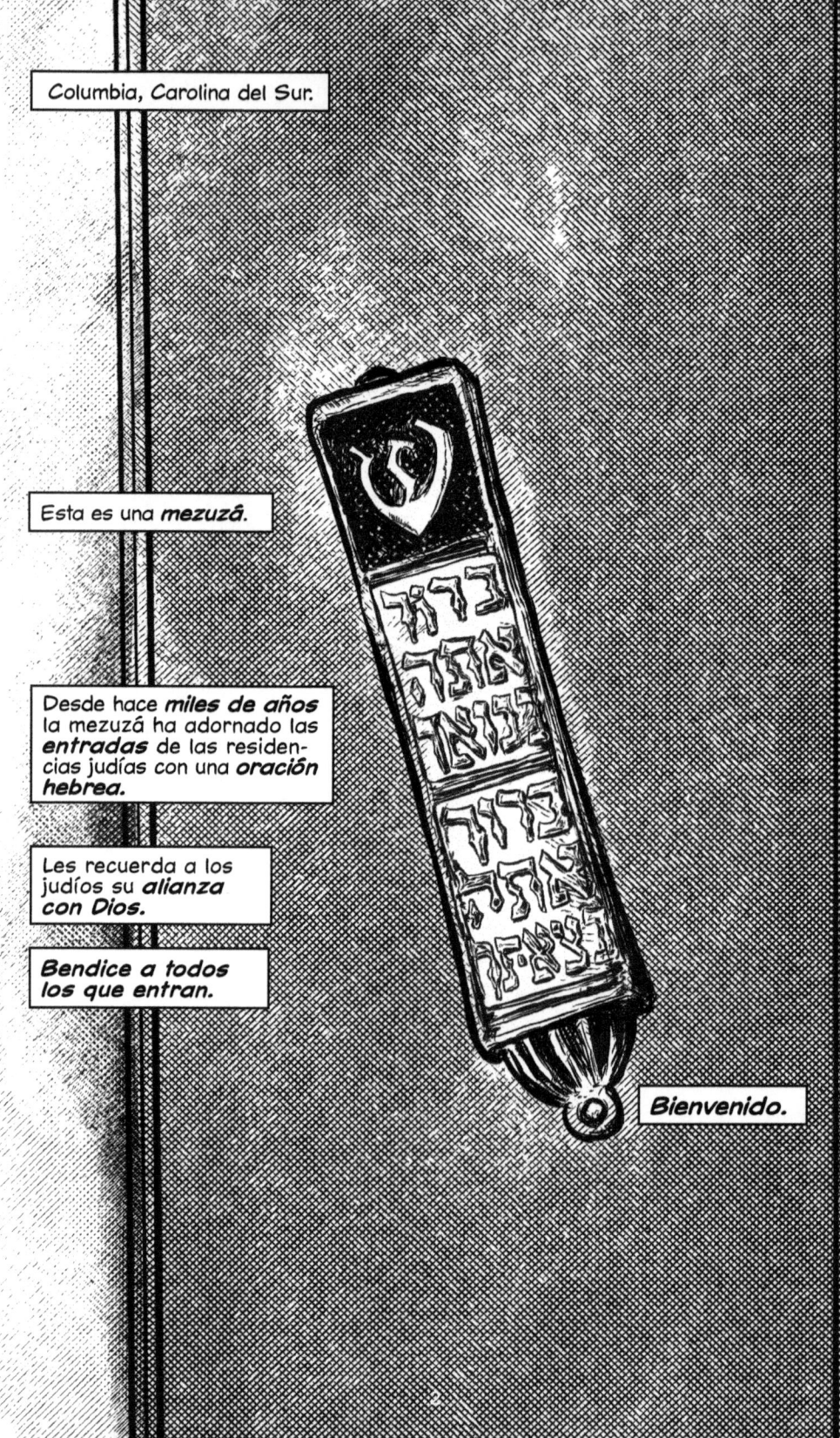

Columbia, Carolina del Sur.

Esta es una *mezuzá*.

Desde hace *miles de años* la mezuzá ha adornado las *entradas* de las residencias judías con una *oración hebrea.*

Les recuerda a los judíos su *alianza con Dios.*

Bendice a todos los que entran.

Bienvenido.

3

6

COMIENZOS

ENERO 1917 – PRIMAVERA 1939

EL REINO DE LITUANIA

2 enero 1917.

Les nació a **David y Esther Goldberg** un niño. Lo llamaron **Rafael** (aunque más tarde se le conoció como Felix).

Bialystok

Wloclawek

EL REINO DE POLONIA

Warsaw

Brest-Litovsk

Poznan

IMPERIO ALEMÁN

○ Kalisz

Lodz

IMPERIO RUSO

Los Goldberg vivían en un pequeño pueblo en las afueras de **Kalisz, Polonia**.

Tomaszow Mazowiecki

Radom

Lublin

Kielce

Czestochowa

Hubo muchos **cambios** para los Goldberg en 1917. Felix fue su **tercer hijo** y su país estaba en plena **transformación política**.

Sosnowiec

Pinczow

Katowice

Jaworzno

Krakow

Tarnow

Lvov

Brzezinka

Nowy Sacz

Tarnopol

El Reino de Polonia se fundó el 14 de enero como un **estado títere** del Imperio alemán, para servir como **estado tapón** con el Imperio ruso.

IMPERIO AUSTRO-HÚNGARO

Aunque Polonia se estableció como su propia nación **desde 966**, las fronteras **cambiaban** de manera contínua mientras sus vecinos más fuertes adquirían y cedían **tierras polacas**.

Ubicado cerca de la **frontera con Alemania**, **Kalisz** se encontraba particularmente vulnerable... de hecho, tres años antes fue **casi diezmado** por los alemanes durante los días iniciales de la **Primera Guerra Mundial**. Mucho del pueblo se quemó y su población disminuyó de 65.000 a 5.000.

3 febrero 1917.

Después del *hundimiento* del barco de pasajeros Lusitania en 1915 y la *guerra submarina irrestricta* de la marina alemana, *Estados Unidos* rompe las relaciones diplomáticas con *Alemania*.

Tras las continuas *provocaciones* y los *ataques alemanes* en el mar, Estados Unidos entra en la *Primera Guerra Mundial* el 6 de abril.

La Primera Guerra Mundial (o la "*Gran Guerra*") había arrasado el *continente de Europa* desde el 28 de julio de 1914.

Las *grandes potencias* europeas tenían dos *alianzas opuestas* enfrentadas entre sí.

Las coaliciones que incluyeron Francia, Gran Bretaña, Italia, Serbia y Rusia (los *Poderes Aliados*) lucharon contra Alemania, Austria-Hungría y el Imperio otomano (los *Poderes Centrales*). Las alianzas cambiaron y los imperios coloniales tales como otros estados nacionales tomaron partido en el conflicto.

Polonia se encontraba entre dos enemigos, *Alemania* (que ocupó el país durante la guerra) y Rusia.

25 octubre 1917.

El inicio de la *industrialización y fabricación* del siglo XX había dado lugar a las *fuerzas contraculturales del marxismo* que influyeron el movimiento bolchevista dirigido por *Vladimir Lenin* en Rusia.

REINO DE LITUANIA

ALEMANIA

POLONIA

Bialystok

• Wloclawek

• Poznan   • Warsaw   Brest-Litovsk •

• Kalisz   • Lodz

        Tomaszow   • Radom   • Lublin
        Mazowiecki

                Kielce
Czestochowa
        • Pinczow
• Sosnowiec
Katowice
Jaworzno
        • Krakow   • Tarnow
Brzezinka

        • Nowy Sacz   Tarnopol •

AUSTRIA-HUNGRÍA

                Stanislawow •

RUSIA SOVIÉTICA

El vecino al este de Polonia pasa por una *transformación política radical* con el triunfo del *bolchevismo* y el nacimiento de la *Rusia Soviética*.

Alemania facilitó el *regreso de Lenin a Rusia* con el fin de *desestabilizar* aún más el gobierno de su *rival de la Primera Guerra Mundial, sacándolo así del conflicto*.

Con el tiempo, la *propaganda antisemita* crearía la falsa idea de *judeo-bolchevismo*, fusionando a los judíos europeos con los *revolucionarios violentos* que derrocaron el gobierno ruso e influyeron activamente en los *movimientos comunistas* alrededor del mundo.

Y en última instancia, esto sería un *factor fundamental* en el curso de colisión entre *Rusia y Alemania* en los conflictos por venir.

Caricatura judía bolchevique del cartel de propaganda en la Italia ocupada por los alemanes, 1943.

12

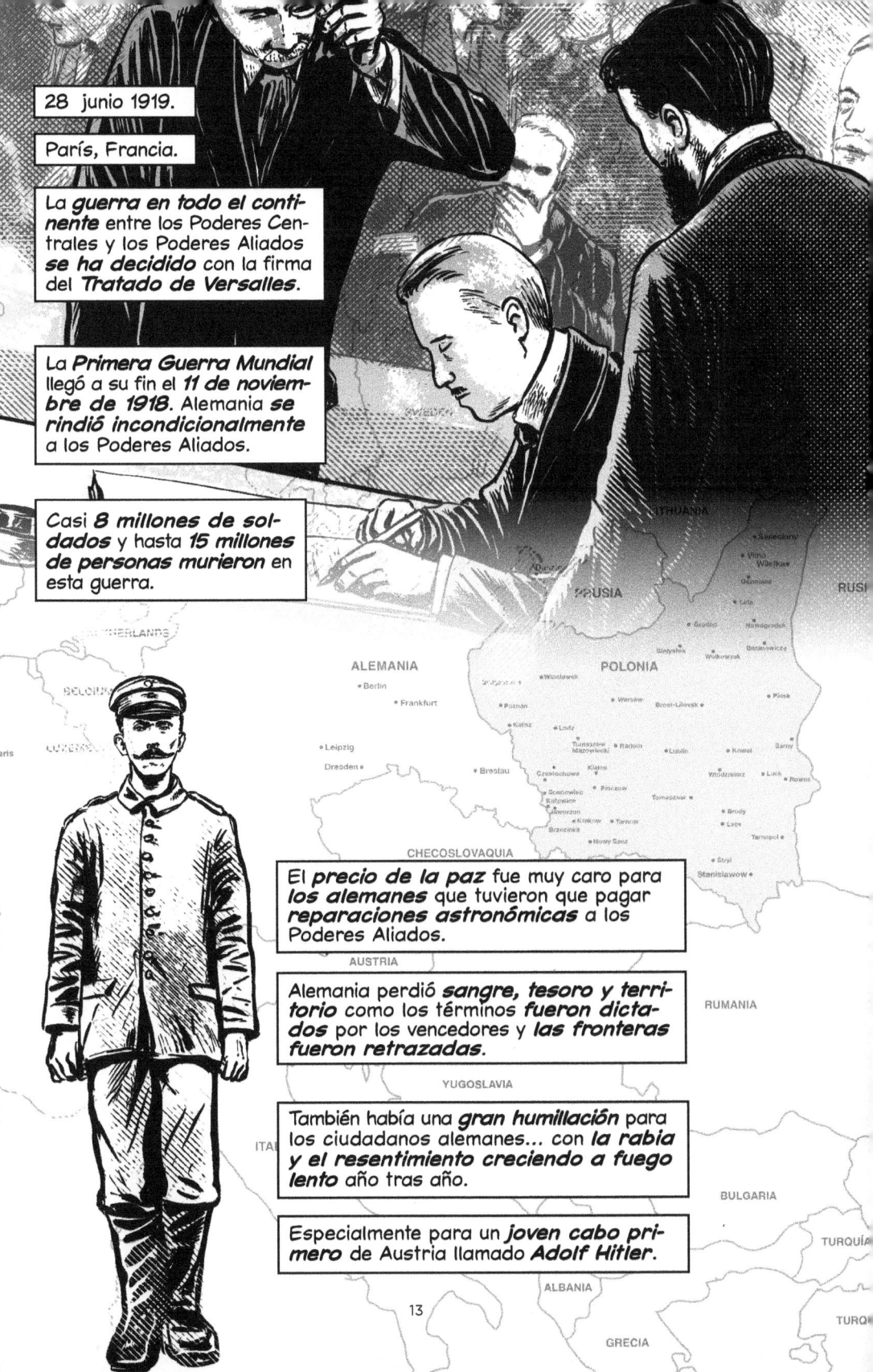

28 junio 1919.

París, Francia.

La *guerra en todo el continente* entre los Poderes Centrales y los Poderes Aliados *se ha decidido* con la firma del *Tratado de Versalles*.

La *Primera Guerra Mundial* llegó a su fin el *11 de noviembre de 1918*. Alemania *se rindió incondicionalmente* a los Poderes Aliados.

Casi *8 millones de soldados* y hasta *15 millones de personas murieron* en esta guerra.

El *precio de la paz* fue muy caro para *los alemanes* que tuvieron que pagar *reparaciones astronómicas* a los Poderes Aliados.

Alemania perdió *sangre, tesoro y territorio* como los términos *fueron dictados* por los vencedores y *las fronteras fueron retrazadas*.

También había una *gran humillación* para los ciudadanos alemanes... con *la rabia y el resentimiento creciendo a fuego lento* año tras año.

Especialmente para un *joven cabo primero* de Austria llamado *Adolf Hitler*.

27 febrero 1925.

Múnich, Alemania.

El *Partido Nacionalsocialista Obrero Alemán* (conocido coloquialmente como *Partido Nazi*) se reestructuró con *Adolf Hitler* al mando después de haber sido prohibido en 1923.

Mientras estaba *encarcelado* por traición después de fomentar una insurrección, *Hitler* había escrito un folleto llamado *Mein Kampf* (o *Mi lucha*).

El libro era su manifiesto político de un *nuevo nacionalismo alemán*.

Su virulento *antisemitismo* surge aquí...desde la creencia irracional de que los judíos en el ejército alemán *sabotearon* el esfuerzo de guerra durante la Primera Guerra Mundial, hasta la afirmación desquiciada de que los judíos eran un *patógeno* que *se debía remover* de una sociedad "aria pura".

El *antisemitismo y racismo* hacia los judíos había existido durante al menos *dos milenios*.

Pero en el siglo veinte, la *propaganda masiva* alcanzó audiencias más grandes con odiosas caricaturas *deshumanizadas* que se usaría para condicionar al pueblo alemán a *odiar*.

ADOLF HITLER

MEIN KAMPF

DIE NATIONALSOZIALISTISCHE BEWEGUNG

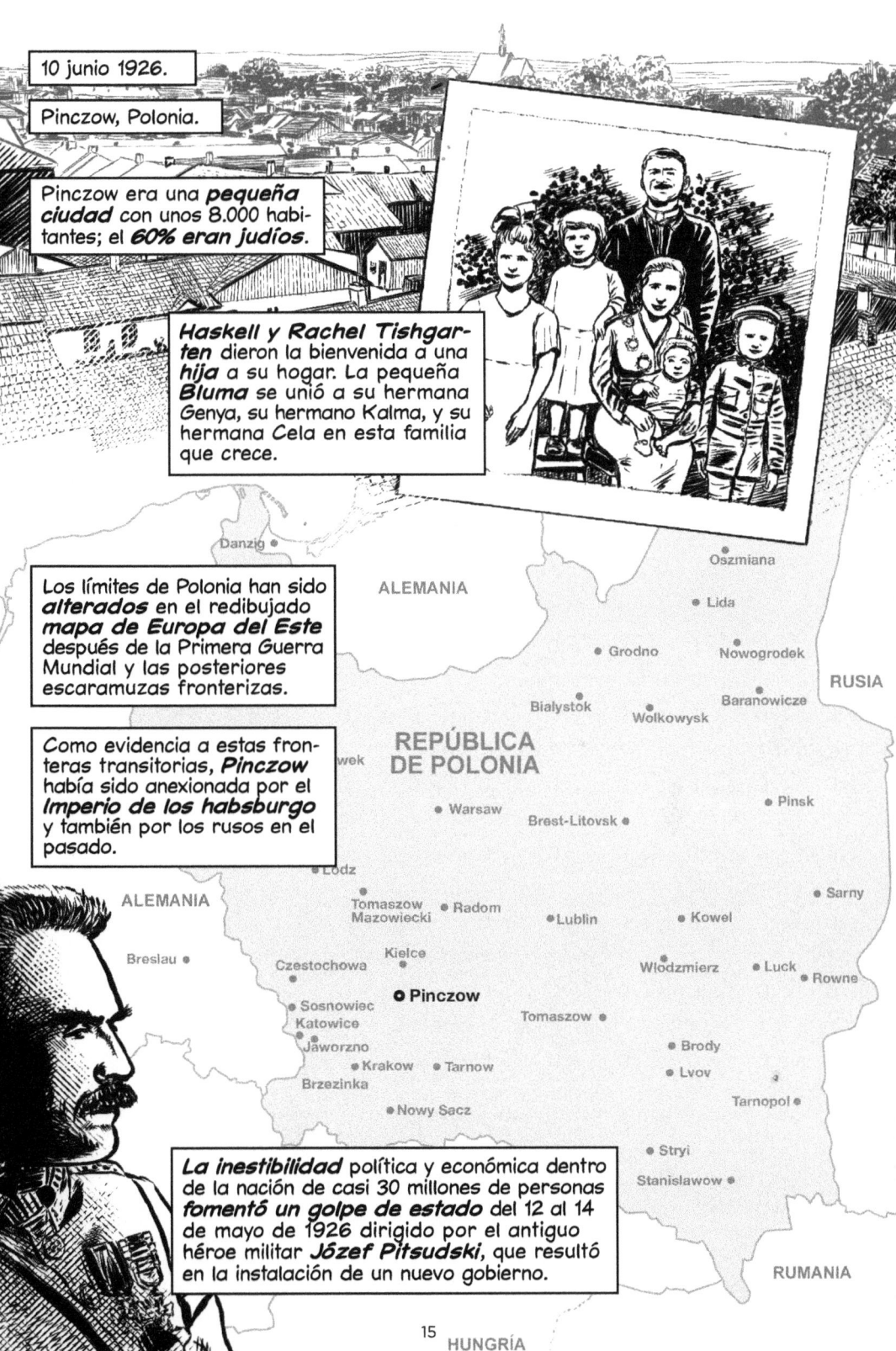

10 junio 1926.

Pinczow, Polonia.

Pinczow era una **pequeña ciudad** con unos 8.000 habitantes; el **60% eran judíos.**

Haskell y Rachel Tishgarten dieron la bienvenida a una **hija** a su hogar. La pequeña **Bluma** se unió a su hermana Genya, su hermano Kalma, y su hermana Cela en esta familia que crece.

Los límites de Polonia han sido **alterados** en el redibujado **mapa de Europa del Este** después de la Primera Guerra Mundial y las posteriores escaramuzas fronterizas.

Como evidencia a estas fronteras transitorias, **Pinczow** había sido anexionada por el **Imperio de los habsburgo** y también por los rusos en el pasado.

La inestibilidad política y económica dentro de la nación de casi 30 millones de personas **fomentó un golpe de estado** del 12 al 14 de mayo de 1926 dirigido por el antiguo héroe militar **Józef Pitsudski**, que resultó en la instalación de un nuevo gobierno.

Danzig
ALEMANIA
Oszmiana
Lida
Grodno
Nowogrodek
RUSIA
Białystok
Wolkowysk
Baranowicze
wek
REPÚBLICA
DE POLONIA
Pinsk
Warsaw
Brest-Litovsk
Łodz
Sarny
ALEMANIA
Tomaszow Mazowiecki
Radom
Lublin
Kowel
Breslau
Kielce
Czestochowa
Włodzmierz
Luck
Rowne
Sosnowiec
Katowice
Pinczow
Tomaszow
Jaworzno
Brody
Kraków
Tarnow
Lvov
Brzezinka
Tarnopol
Nowy Sacz
Stryi
Stanislawow
RUMANIA

15
HUNGRÍA

1928. Kalisz, Polonia.

El menor de los Goldberg, **Felix**, ahora tiene 11 años. Sus hermanas **Regina y Franka** tienen **16 y 15 años** respectivamente. Su hermano **Leon tiene 18** y Bernard **tiene 16 años de edad**.

Los Goldberg son una **familia religiosa** y mantienen un **hogar ortodoxo**. Felix -- al igual que sus hermanos -- asistía todos los miércoles al **cheder**... para aprender el **idioma hebreo** y las costumbres de su **fe judía**.

Felix también participaba en el **club de fútbol juvenil judío**. Él y su primo iban al estadio a **ver los partidos** los fines de semana.

El padre de Felix tiene una carnicería **al aire libre**. La familia, aunque cuenta con pocos recursos, a menudo tiene **pollo y carne** en la mesa.

Mientras tanto, al otro lado de la frontera en Alemania, el escritor fracasado y recién elegido miembro del Reichstag **Joseph Goebbels**, es nombrado **Ministro de Propaganda** del Partido Nacionalsocialista Obrero Alemán por **Adolf Hitler**.

1932. Pinczow, Polonia.

La pequeña **Bluma Tishgarten** tiene **6 años de edad**. Sus hermanas **Genya, Cela, Sarah y Yentala** tienen 12,10,4 y 2 años respectivamente. Su hermano **Kalma tiene 8** años.

Los **Tishgarten** mantenían las tradiciones judías antiguas. La familia de Bluma encendía las velas del **shabat** y **rezaba sus oraciones semanales** cada viernes por la noche.

Pinczow era un pueblo rural **rodeado por la belleza natural**. La familia podía **disfrutar del aire libre**, esquiando en el invierno y nadando en un lago cercano en el verano.

Los Tishgarten tenían **muchos amigos y vecinos no judíos**. El **antisemitismo** todavía no había tocado sus vidas. **Eso cambiaría** en los años venideros.

Haskell Tishgarten era un comerciante de cuero, que proveía a su familia una vida **cómoda de clase media**.

En Alemania, el **jefe del Partido Nazi Adolf Hitler** se enfrentó al titular Paul von Hindenburg de la **presidencia alemana**. Hitler obtuvo casi el 37% del voto popular mientras Hindenburg ganó con el 53%. El año siguiente Hindenburg **nombró a Hitler como canciller**.

HITLER

Imagen basada en un cartel de la campaña Hitler.

27 febrero 1933.

Múnich, Alemania.

El *edificio del Reichstag* (sede del Parlamento alemán) fue destruido por un *voraz incendio*.

El pirómano responsable de la *ardiente destrucción* fue identificado como un agitador comunista.

Adolf Hitler y el *Partido Nazi* se aprovecharon del clima de terror creado por la *paranoia generalizada y* el *miedo* impulsado por la posibilidad de una *insurrección comunista*.

Los *poderes de emergencia* activados por el presidente Paul von Hindenburg en el Decreto de Incendio del Reichstag *despojaron* al pueblo alemán de sus *libertades básicas*, incluidas las de *expresión* y reunión.

El *quitar* a los ciudadanos alemanes los instrumentos de *resistencia* permitió a los nazis *consolidar el poder* y *reforzar su dominio* sobre las palancas del control.

El 23 de marzo, el Parlamento aprobó las *Leyes de Habilitación* (tras la *intimidación y coerción* de los miembros del Parlamento por el Partido Nazi), las cuales dieron al recién elegido *Canciller Adolf Hitler* la autoridad total.

Adolf Hitler tenía ahora el *control completo* y absoluto y tendría la libertad de ejercer los *poderes dictatoriales* que antes no se imaginaba nunca en una nación como Alemania.

La democracia liberal alemana *ahora estaba muerta*.

Y pronto, *millones de personas* también lo estarían.

Primero de abril de 1933, por todo Alemania.

Unos días después de la aprobación de las **Leyes de Habilitación**, el Ministro de Propaganda e Ilustración Pública del Reich, **Joseph Goebbels**, organiza **un boicot** contra los negocios de propiedad judía. El propósito es crear **daño económico a los judíos** como represalia de la supuesta **propaganda antialemana**.

Goebbels emplea la desinformación para **desviar la crítica** de las acciones nazis mientras **acusando a los judíos** de difamar el **gobierno alemán** y a **Adolf Hitler**.

Seis semanas más tarde, el diez de mayo, se cometió uno de los crímenes más grandes del siglo XX contra el **libre pensamiento**, también **dirigido por Goebbels**.

En un esfuerzo por **sofocar la disidencia y deslegitimar la oposición**, los nazis atacaron en el **ámbito cultural**.

Unos 25.000 libros que se consideraron no alemanes (principalmente judíos) fueron quemados en la Plaza de la Ópera de Berlín.

Deutsche! Wehrt Euch! Kauft nicht bei Juden!

Letrero de arriba, traducido como "¡Alemanes! ¡Defiéndanse! ¡No les compren a los judíos!"

19 septiembre 1935.
Núremburg, Alemania.

En un mitín del Partido Nazi, lo que se conocerían como las *Leyes Raciales de Núremburg* fueron introducidas para abordar el *"problema judío"*. Estas leyes abrieron paso a las *acciones racistas y punitivas* dentro de una *cascada de opresión*. La *propaganda desenfrenada nazi* y los esfuerzos por considerar a los *judíos infrahumanos* y de una *raza inferior* ayudaron a *crear el entorno* para que esto sucediera.

La proclamada *Ley de Ciudadanía del Reich* fue designada para excluir de la ciudadanía a los alemanes no racialmente puros y *despojarles de sus derechos civiles*.

La nueva *Ley de Protección de la Sangre y el Honor Alemanes* prohibió *matrimonios* y *relaciones sexuales* futuros entre *arios* (alemanes "racialmente puros") y *judíos* así como a la gente que pertenece a *otros grupos minoritarios*.

El *Decreto Sobre los Pasaportes de Judíos* aprobado el 5 de octubre de 1938 *suspendió los pasaportes de los judíos* en Alemania. Sólo se podrían reinstaurar si se entregaban los pasaportes para ser *estampados con una gran "jota" roja*.

El primero de septiembre de 1941, los judíos estaban obligados a llevar *estrellas amarillas* para *identificarse* como judíos.

Las *marcas distintivas* y la *documentación oficial* dio al régimen las herramientas para *acosar a los judíos* así como finalmente *detenerles* y expulsarles de sus casas a los *guetos* y *campos de concentración*.

9 noviembre. 1938, por todo Alemania así como Austria y la región Sudetenland en Checoslovaquia.

Kristallnacht o la "Noche de los cristales rotos".

El 7 de noviembre un joven judío polaco, molesto por la *deportación de su familia* desde Alemania, le disparó a un *diplomático alemán* en París.

Goebbels y la máquina de propaganda nazi *incitaron a las turbas alemanas enfurecidas por el asesinato.* La mensajería incesante a través de los medios de comunicación *llevó a la gente a las calles* resuelta a *castigar a los judíos* en un *pogromo violento.*

7.500 negocios, residencias e instituciones públicas judías incluyendo escuelas y sinagogas *fueron atacados.*

La devastación también tuvo un *costo humano* con el *asesinato de 91 judíos.* Unos 30.000 hombres *fueron detenidos* y enviados a campos de concentración.

Primavera 1939. Kalisz, Polonia.

En el departamento del tercer piso de la *familia Goldberg*, David Goldberg trabaja metódicamente con una *palanca*...temblando con una *intensidad desesperada*.

¡Papá!

¿Porqué está quitando *nuestra mezuzá* de la puerta?

Las leyes antijudías se promulgaron cada vez más en toda Polonia, siguiendo el *ejemplo de Alemania*. El *racismo institucionalizado* se extendía.

David Goldberg era un *hombre religioso*. Para él, esto era un *sacrilegio*...pero *le aterrorizaban* las fuerzas crecientes en Polonia y especialmente en la frontera de Alemania.

Felix, ahora es peligroso que nuestra familia se *identifique* como *judía*.

¿Esto es *necesario*?

Sí.

Debo hacerlo.

Quiero *proteger a nuestra familia*.

Las cosas comenzaron a *cambiar rápidamente* para los judíos. Antiguos amigos y vecinos *les dieron la espalda* y ya no se asociaron con ellos *por miedo*.

No debemos llamar la atención.

Prohibieron a los niños asistir a la escuela e incluso jugar con los *amigos* no judíos.

Los negocios judíos en la comunidad fueron *boicoteados* y *cerrados*.

Las cosas iban *de mal en peor*.

Hijo.

Tráeme *un poco de pintura*, por favor.

LA SEGUNDA
GUERRA MUNDIAL

SEPTIEMBRE 1939

Primero de septiembre de 1939.

Alemania *invade* Polonia.

El gobierno de Adolf Hitler tiene su propia visión del *Destino Manifiesto*. Inició la ofensiva hacia el este para *recuperar los territorios* perdidos en la Primera Guerra Mundial, y también como un esfuerzo para *reclamar nuevas tierras* para la expansión de las fronteras con el fin de *hacer espacio* para el asentamiento de la raza aria.

Los *mecanizados ejércitos* alemanes avanzan por Polonia a la *velocidad del rayo*, introduciendo el concepto de *"blitzkrieg"*. Hay *muy poca* resistencia que impide su progreso.

Inglaterra y Francia, los aliados del Tratado de Asistencia Mutua, se comprometen a *defender Polonia*; pero lo hacen *mal y tarde*.

La Segunda Guerra Mundial ha comenzado.

4 septiembre 1939.

Llega la guerra a *Pinczow* y a la *familia Tishgarten*.

La futura *Bluma Tishgarten Goldberg* lo recordaría así, "El *ejército alemán* entró caminando a *nuestro* pueblo".

"Inmediatamente todo el pueblo *estaba en* llamas."

"Nuestra casa *fue quemada*."

"*Perdimos todo* lo que teníamos."

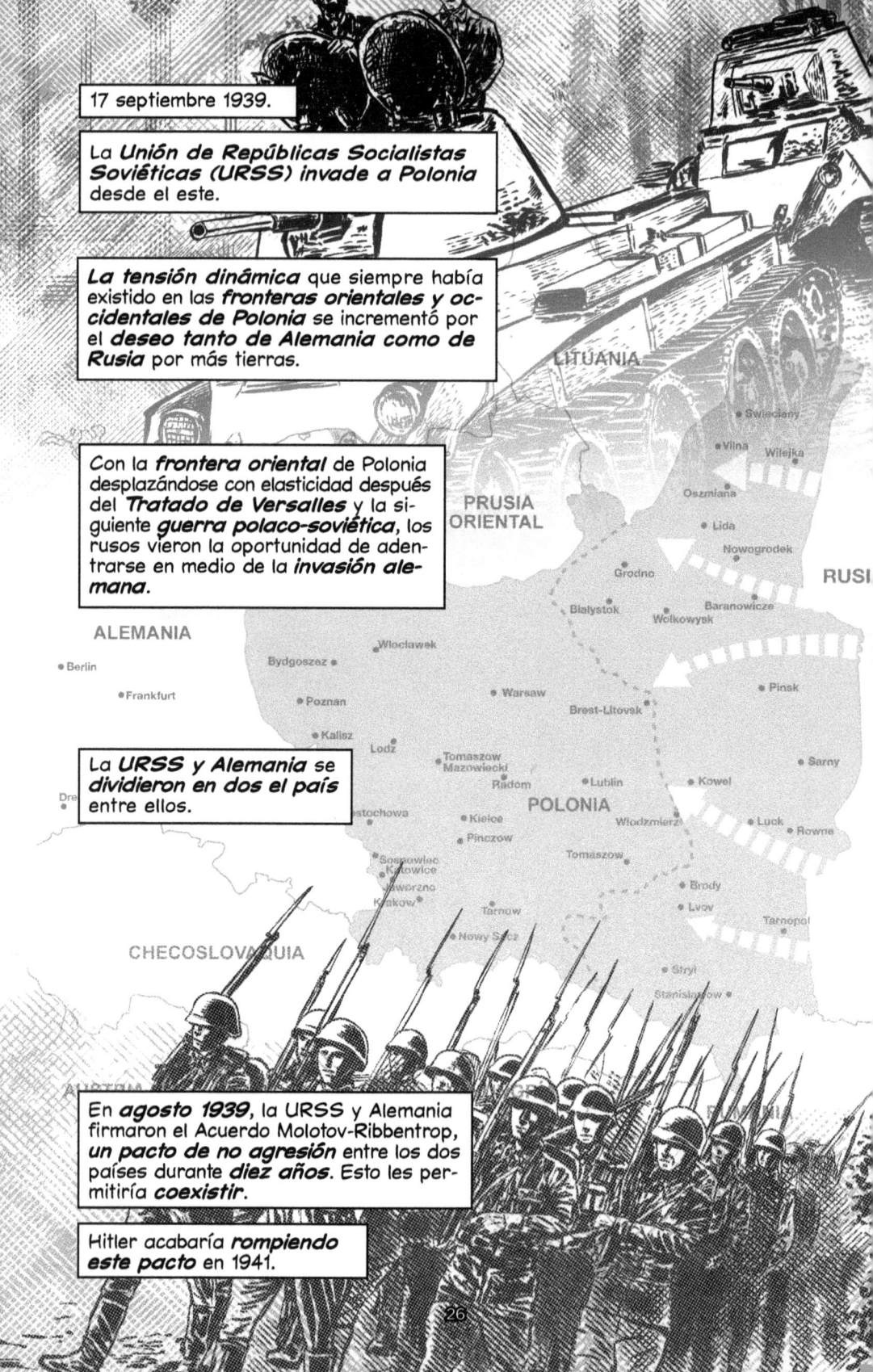

17 septiembre 1939.

La **Unión de Repúblicas Socialistas Soviéticas (URSS) invade a Polonia** desde el este.

La tensión dinámica que siempre había existido en las **fronteras orientales y occidentales de Polonia** se incrementó por el **deseo tanto de Alemania como de Rusia** por más tierras.

Con la **frontera oriental** de Polonia desplazándose con elasticidad después del **Tratado de Versalles** y la siguiente **guerra polaco-soviética**, los rusos vieron la oportunidad de adentrarse en medio de la **invasión alemana**.

La **URSS y Alemania** se **dividieron en dos el país** entre ellos.

En **agosto 1939**, la URSS y Alemania firmaron el Acuerdo Molotov-Ribbentrop, **un pacto de no agresión** entre los dos países durante **diez años**. Esto les permitiría **coexistir**.

Hitler acabaría **rompiendo este pacto** en 1941.

LITUANIA

PRUSIA ORIENTAL

ALEMANIA

• Berlin

• Frankfurt

Dre•

CHECOSLOVAQUIA

RUSI

• Swieciany

• Vilna   Wilejka

Oszmiana

• Lida

Nowogrodek

Grodno

Bialystok   Wolkowysk   Baranowicze

Wloclawek

Bydgoszez •

• Poznan

• Kalisz

Lodz•

Tomaszow Mazowiecki

Radom   • Lublin

• Kieloe

• Pinczow

Sosnowiec
Katowice

Jaworzno

Krakow•

Warsaw

Brest-Litovsk

POLONIA

Wlodzmierz•

Tomaszow

• Brody

• Lvov

• Tarnow

• Nowy Sacz

• Pinsk

• Sarny

• Kowel

• Luck

• Rowne

Tarnopol

• Stryj

Stanislawow •

POLONIA

•stochowa

26

Pinczow, Polonia.

Hijas... ¡Vengan aquí ahora!

Desde aquel funesto día cuando el invasor ejército aleman trajo a Pinczow el *fuego y la furia* e *incendió la casa de los Tishgarten*, la familia se ha quedado con *un tío de Bluma*, en las afueras del pueblo.

Sin embargo, *el tiempo se ha acabado.* Los nazis *están deteniendo* a los *judíos de Pinczow.*

Bluma. Cela. Necesito que me escuchen con atención.

Los nazis están aquí... ¡y *nos van a matar* si no *actuamos con rapidez!*

¡Tomen esto! Es todo lo que tengo... les ayudará a *sobrevivir.*

Salgan corriendo por la puerta trasera *hacia el bosque. ¡Escóndanse!*

Deben *irse* ahora.

¡No vuelvan!

Al final, **hasta el 70%** de la población de Pinczow **fue asesinada** o enviada a **campos de exterminio**, la mayoría al **campo de exterminio**

Unas **925.000 personas** se enviarían a Treblinka entre el 25 de julio de 1942 y el 4 de agosto de 1943.

Se sabía que menos de 100 de ellos sobrevivieron.

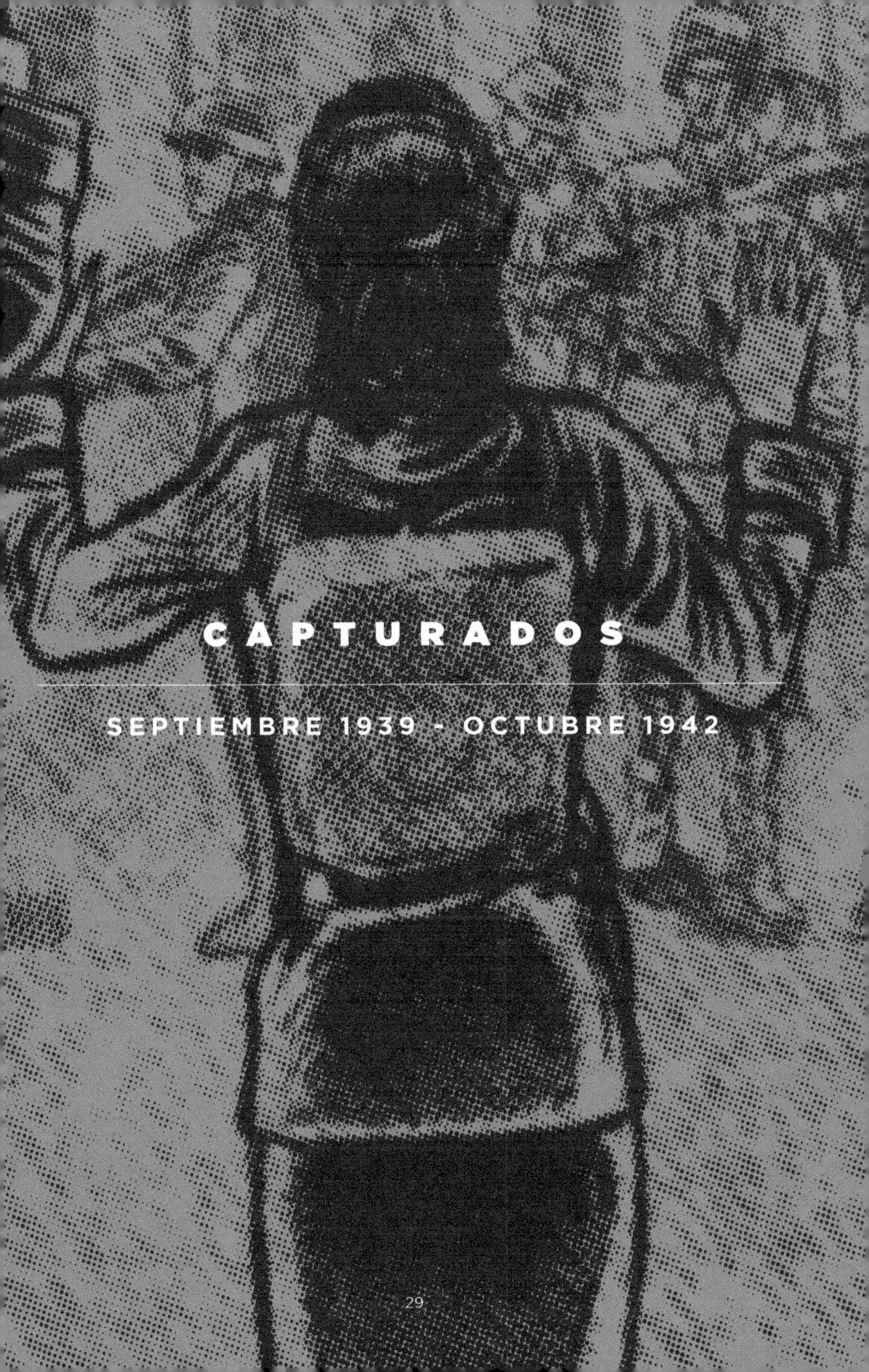

CAPTURADOS

SEPTIEMBRE 1939 - OCTUBRE 1942

Cerca de Kalisz, Polonia.

Felix Goldberg, de 22 años, había sido reclutado para el *servicio militar* antes de la *invasión alemana* y el inicio de la guerra. Sirvió en la *caballería.*

Los defensores polacos *lucharon valientemente* contra *las mecanizadas fuerzas alemanas, mucho más fuertes.* El combate duró *tres semanas,* hasta el 27 de septiembre, cuando el superado ejército polaco *se rindió a Alemania...* mientras esperaba la ayuda prometida por sus socios del tratado, *Gran Bretaña y Francia.*

Años mas tarde, Felix contaría como dos veces estuvo a punto de *quedar enterrado hasta el cuello* por los escombros de los bombardeos de artillería *apuntados a su posición.* Por suerte, sus compañeros *lo desenterraron.* Incluso perdió la audición durante tres meses debido a la fuerza sacudida de una *explosión cercana.*

Bergen-Belsen

GRAN ALEMANIA

POLONIA
(Gobierno General)

Berlín

Brandenburg

Warsaw

Lodz

Kalisz

Gross-Rosen

Con el *colapso de la defensa polaca,* muchos soldados polacos fueron *capturados y encarcelados.* Felix entró en la custodia alemana en *Rosh Hashana* (el Año Nuevo judío)... 13 de septiembre de 1939. Él y sus compañeros fueron trasladados a un *campo de prisioneros de guerra* (POW por sus siglas en inglés) en Alemania.

Częstochowa   Kielce

Katowice

Frankfurt

Prague   30

Neudachs   Krakow

Auschwitz

Nuremberg

2 octubre 1939.

Stalag III-A, Brandemburgo, Alemania.

Felix fue internado en **Stalag III-A** como prisionero de guerra. Al entrar en el campo, un
guardia les dijo al pasar lista, "Ustedes están
aquí **porque son fuertes**. Los que no son
tan fuertes, no son tan afortunados. Las
reglas son sencillas: levantarse temprano,
trabajar, no hablar, comer, no meterse en
problemas, dormir. **Eso es todo.**"

Más tarde, Felix recordó que **sobrevivió** es-
capándose ocasionalmente durante la noche
para **pedir a los residentes** comida, dinero
o whisky. Dijo de su experiencia, "Pensaba que
si tuviera que morirme, **bien podría morir**
con **pan en la mano.**"

Como prisioneros de guerra en el campo,
trataron a Felix y a los otros judíos igual
a los otros soldados capturados porque el
campo POW estaba **sujeto a las normas**
establecidas en la Convención de Ginebra. Eso
cambiaría a medida que los esfuerzos nazis
por **erradicar al pueblo judío** se intensi-
ficaran.

Bergen-Belsen

POLONIA
(Gobierno General)

Berlin
Brandenburg
GRAN ALEMANIA

Warsaw

Lodz
Kalisz

Gross-Rosen

Lublin

En octubre de 1941, Felix fue **trasladado en
tren a Polonia**, donde se encontró **prisionero en un gueto** de la ciudad de Lublin.

Czestochowa   Kielce
Katowice

A diferencia del **campo de trabajo Brandemburgo** de que había venido, la **vida en
el gueto era distinta**. El gueto era más
como un pequeño pueblo, pero **los movimientos estaban restringidos**. Había guardias
armados por **todas partes**, para asegu-
rarse de que nadie intentara escapar.

Neudachs   Krakow
Auschwitz

En todo el gueto había carteles (en alemán)
que decían: "Cualquiera que **intente escapar
de la alambrada** (alrededor del gueto) **será
fusilado**".

Lan

SLOVAQUIA

GHETTO !
BETRETEN FÜR WEHRMACHT
VERBOTEN

Septiembre 1942.

Tras semanas en el bosque, Bluma y Cela siguen *a la fuga* en el frío y la oscuridad... *escondiéndose de los nazis*. Moviéndose por la noche de pueblo en pueblo, *rebuscando* y *mendigando* comida.

Bluma, todo este *huir y esconderse* está destinado a que *nos atrapen*.

Quizás *nos maten*.

¿Qué crees que *deberíamos hacer*?

¡Judíos, entréguense ahora! No les haremos daño. Vamos a cuidarles. ¡Vengan al pueblo mañana!

¿Oyes eso?

Escucha.

¡Judíos!

¡Entréguense *ahora!*

No les *haremos* daño.

Vamos a *cuidarles*.

¡Vengan al pueblo *mañana!*

Dado su desesperación, *fatiga, hambre* y *exposición al frío*... la voz que va a la deriva de un altavos distante lleva consigo una proposición que les *parece razonable* a las hermanas.

33

Las hermanas Tishgarten fueron **detenidas** y arreadas dentro de **vagones de ganado** junto con otras mujeres.

Arrancadas de su familia, se mandan a Bluma de 13 años y a Cela de 17 años hacia un **lugar desconocido** y un **destino incierto.**

Casi **no puedo respirar.**

Yo tampoco.

El **viaje en tren** de seis horas llevaría a Bluma y a Cela desde Pinczow hasta el **campo de trabajo esclavo Hasag** en Kielce.

POLONIA (Gobierno General)

Bergen-Belsen

¿Cela?

¿Sí?

¿Crees que mamá y papá...

No sé.

Tengo **tanto miedo.**

Estoy **tan preocupada...**

nuestros **hermanas y hermanos...**

No sé.

Crees que **están bien?**

Buchenwald
GRAN ALEMANIA

Dresden

Las hermanas estuvieron allí **durante un mes,** y después fueron trasladadas a su **próximo destino,** el **gueto Czestochowa.**

ankfurt

Prague

Nuremberg

Kielce

Czestochowa

Katowice

Pinczow

Neu-Dachs

Krakow

Auschwitz

Febrero 1944.
Czestochowa, Polonia.

El *gueto Czestochowa* alojaba a *miles de judíos.* Bluma y Cela trabajaban aquí como mano de obra esclava en la *fábrica de municiones Hasag*, al igual que lo habían hecho anteriormente en *Kielce.*

Bluma Tishgarten *recordaría más tarde* de la fábrica, "Había un hombre canoso, *un supervisor*, que cuando se acercaba... *todo el mundo temblaba de miedo.*"

"Una vez *me sentí tan cansada* que cerré los ojos y *me quedé dormida.*"

"*Cerré los ojos* por un minuto y *me vio.*"

"De repente, *me dio una bofetada.* Estaba *muy asustada.*"

"¡Vuelva a trabajar!"

"*Nunca más cerré los ojos* en el trabajo."

Al final, las hermanas trabajarían en la fábrica *durante casi un año.*

35

Más tarde en el tren de transporte *hacia Varsovia*...

¿A dónde cree que *nos lleva* este tren?

Me han dicho que a *Varsovia*.

Pero no *pienso* en quedarme mucho tiempo más.

Permiso.

Este tren seguramente nos llevará a *la muerte*.

¡Quiero sobrevivir!

Cueste lo que cueste.

Así Felix iniciaría su *viaje* a pie, hacia *Tuliszkow* y la casa de su abuelo... buscando *reunirse* con sus padres.

¡Alto!

Octubre 1942.

Felix fue **capturado** en una barrida de la zona.

Se detuvieron a la gente mientras los nazis **vaciaban los guetos locales** de judíos. El **ejército alemán**, junto con los polacos de la zona, coordinó este esfuerzo.

Después de varios días fueron cargados en **vagones de** ganado.

2.000 a 3.000 personas fueron **obligadas** a subir al transporte con **más de 100** gentes amontonadas en cada vagón.

Poca luz. **Poco** aire. **Nada** de comer.

El tren **tardó tres días** en recorrer las tierras polacas tras **partir de Rawitsch**.

39

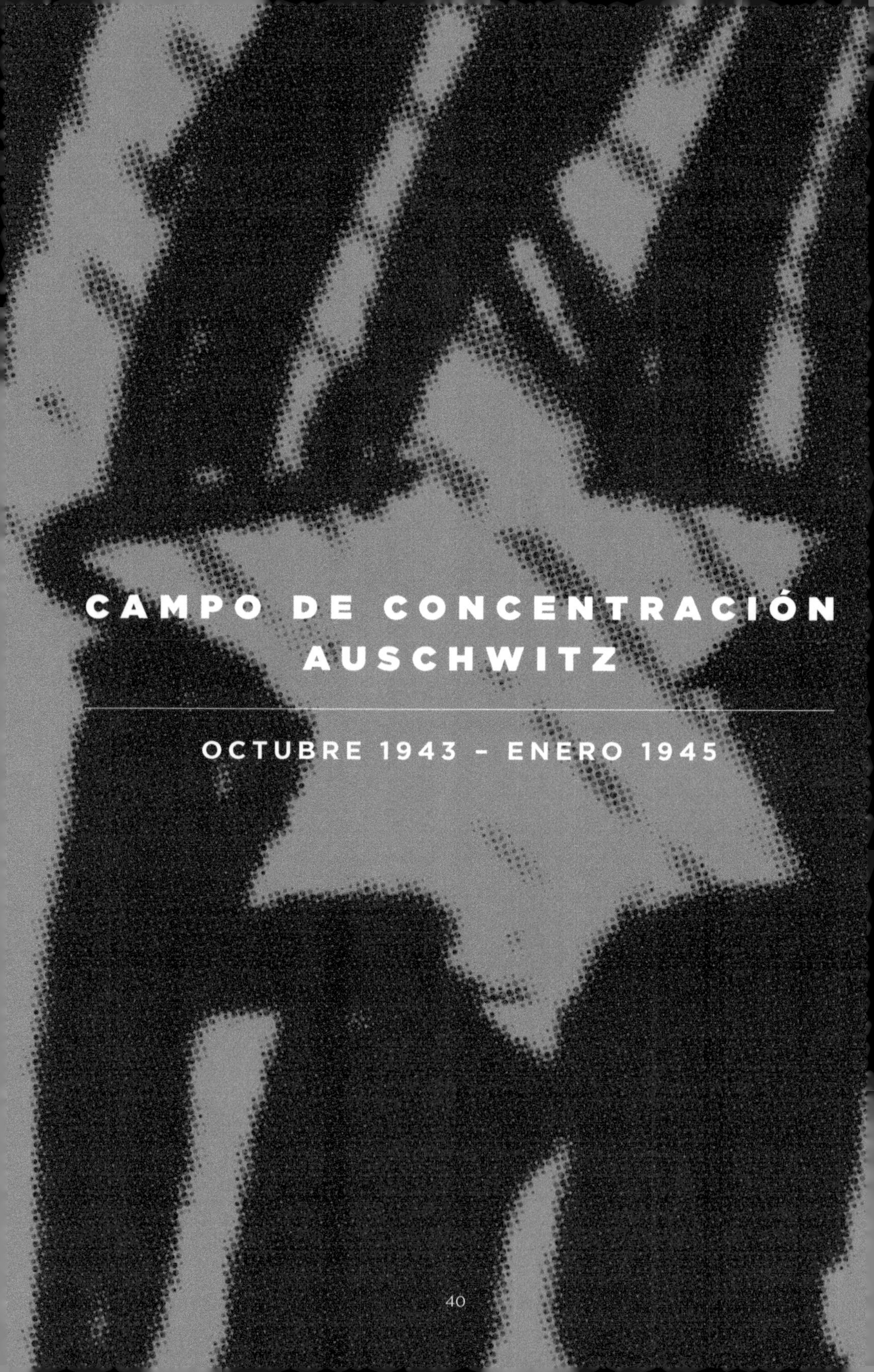

CAMPO DE CONCENTRACIÓN
AUSCHWITZ

OCTUBRE 1943 – ENERO 1945

4 octubre 1943.

Brzezinka, Polonia

El tren llegó a su destino, *Auschwitz-Birkenau*, y entró al complejo de los sub-campos a través de las infames *"Puertas de la Muerte"*.

Los pasajeros agotados y hambrientos fueron *sacados brutalmente* de los vagones.

¡Schnell!

¡Dejen todo atrás!

Los *guardias nazis* y los sonderkammandos (prisioneros judíos obligados a ayudar a sus captores) *despojaron* aún más la dignidad de los recién llegados... privándolos de las pocas pertenencias a las cuales *se aferraban*.

Los hombres y las mujeres fueron *divididos* en grupos separados y conducidos hacia adelante.

Mientras avanzaban, había un doctor del campo que *revisó* a cada persona.

Esto se llamaba "la *selección*".

Felix Goldberg pasó por la selección *tres veces*, enfrentándose cara a cara con el *mismo* doctor.

Este doctor se llamaba *Josef Mengele*.

Mengele fue conocido como el *Ángel de la Muerte* de Auschwitz.

A la izquierda.

A la derecha.

Mengele tomó la decisión literal de **vida o muerte** para los que estaban ante él.

Las **selecciones** eran pruebas recurrentes... al **entrar en un campo** además del periódico **sacrificio del rebaño**.

Aquellos mandados a la **fila izquierda** se les consideraba **incapaces** para el trabajo.

Demasiado **viejo**. Demasiado **joven**. **Inválido. Enfermo**.

Los **incapacitados** fueron mandados **inmediatamente** a la muerte... a uno de los **crematorios**.

No tenían ni idea hasta que fue **demasiado tarde**.

Incluso si ellos habían oído **rumores**. Era demasiado **monstruoso** para creerlo.

Aquellos **mandados a la derecha** eran obligados a hacer trabajo forzoso como esclavos... hasta que ellos también eran **"incapaces"**.

El mundo se enteraría más tarde de los **crímenes de Mengele**.

Asesinato.

Experimentación médica inmoral e inhumana.

Especialmente con **víctimas** como **enanos** y **gemelos**, así como con personas con afecciones raras.

Mengele fue sólo uno de los primeros *horrores* que se encontraron al entrar a Auschwitz.

La *humillación* y la *deshumanización* esperaban a los recién llegados.

Duchas, el despiojar, el *afeitar de cabeza.*

También les quitaron sus nombres. Felix Goldberg se convirtió en *142857*, con el número tatuado en su brazo *para siempre.*

Se soportaron condiciones *infra-humanas* al amontonarse *más de 400* prisioneros en cada barraca sin *calefacción.*

La *comida* de cada día era nada más que café, un pan, caldo de cáscara de papa... una receta para la *inanición.*

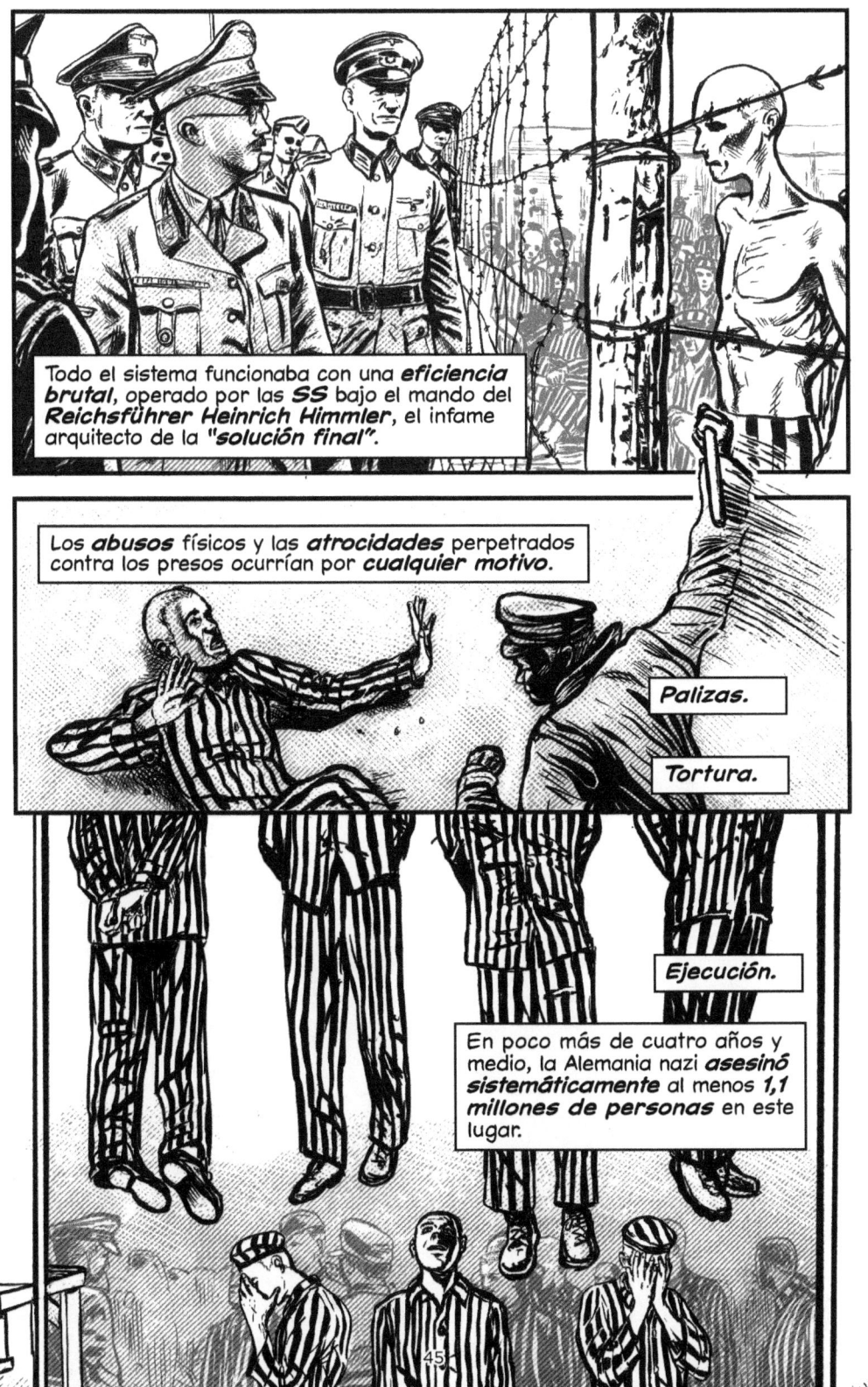

Todo el sistema funcionaba con una *eficiencia brutal*, operado por las *SS* bajo el mando del *Reichsführer Heinrich Himmler*, el infame arquitecto de la *"solución final"*.

Los *abusos* físicos y las *atrocidades* perpetrados contra los presos ocurrían por *cualquier motivo*.

Palizas.

Tortura.

Ejecución.

En poco más de cuatro años y medio, la Alemania nazi *asesinó sistemáticamente* al menos *1,1 millones de personas* en este lugar.

"*El trabajo le hace libre.*" Esta frase coronaba la puerta principal de *Auschwitz*. A nadie se le perdió la *cruel ironía*.

Después de tres semanas, Felix fue trasladado a *Neu-Dachs*, uno de los *40 subcampos* que rodeaban Auschwitz.

Hubertushuette
Bismarckhuette
Lagischa
Laurahuette
Hindenberg
I, II, III, IV
Eintrachtuette
Kattowitz
Sosonowitz & Fuerstengrube
Althammer
Neu-Dachs
Kunzendorf
Babitz
Chelmek
Guenthergreube
Janinagrube
Auschwitz II
Kobier
Bobrek
Plawy
Harmense
Rajsko
Altdorf
Auschwitz III

Eran *campos de trabajo forzado* donde los prisioneros fueron utilizados como *esclavos* para los intereses industriales, militares y agrícolas.

En *Neu-Dachs*, Felix y los demás presos serían ahora *mineros del carbón*.

Cada mañana se pasaba lista a *las 5:00 AM*, a pesar de que a menudo llegaban a sus literas *después de las 2:00 AM*.

46

La Mina de Carbón de Jawarzno.

La mina era operada por Energieversorgung Ober-schlesien AG, utilizando *la mano de obra polaca* además del *trabajo esclavo* del campo Jawarzno.

Felix *se sentía afortun-ado* por tener un trabajo más o menos fácil en la mina. Operaba el *ascen-sor*, enviando a los mine-ros a excavar.

Felix escondía pan y vino *robados* de los guardias dentro de la mina.

Siempre se trata-ba de *sobrevivir*.

Felix también tenía *otro tra-bajo* además de operar el ascensor. Un trabajo mucho *más difícil*.

Cuatro o cinco hombres *morían* cada día por la caída de carbón en la mina... era su tarea *sacar los cuerpos* de la mina.

15 enero 1945.

La *marcha* desde la mina hasta Neu-Dachs se tardaría entre *dos y tres horas*.

Felix trabajaba en el *segundo turno*. Los trabajadores solían volver al campo a *las dos de la madrugada*.

Esta noche fue *diferente*.

La fuerza aérea soviética había *bombardeado* el campo.

Los nazis esta-ban *perdiendo* la guerra.

Y lo *sabían*.

CAMPO DE CONCENTRACIÓN
BERGEN-BELSEN

ENERO – MARZO 1945

8 enero 1945.

GRAN ALEMANIA
○ Bergen-Belsen

¿Dónde?

¿Dónde?

Belsen, Alemania.

POLONIA
(Gobierno General)

● Warsa

Berlin
Brandenbur

● Gross-Rosen

Levantadas a las 5:00 AM el día de su **éxodo de Czestochowa**, las hermanas Tishgarten fueron **empujadas** a otro tren de transporte.

Czestochowa
○

● Kielce

Katowice

¿A dónde **nos llevan?**

Frankfurt

Prague

PROTECTORADO
DE BOHEMIA Y MORAVIA

Nuremberg

Neudachs ● Krakow

● Auschwitz

De nuevo, amontonadas en vagones de ganado, Bluma y Cela son llevadas **unas 535 millas** desde el gueto de Czestochowa, en su Polonia natal, hasta **lo más profundo** de Alemania.

No lo sé, Bluma.

Dachau

Landsberg ●

Munich ●

Vienna ●

Simplemente no lo sé.

AUSTRIA

HUNGRÍA

En **su destino**, a los pasajeros se les ordena salir al aire **brutalmente frío** de enero.

¡Schnell!

¡A las duchas!

¡Mach schnell!

Bluma y Cela Tishgarten han entrado ahora a una **nueva realidad**, una de **mayor escasez** y **brutalidad** al unirse a la comunidad de sufrimiento con los **15.000 prisioneros** en el **campo de concentración** Bergen-Belsen.

Al entrar en el campo, a las mujeres **se les raparon el cabello**. Se suponía que esto controla las **infestaciones de piojos** que a menudo provocaría brotes de fiebre tifoidea entre la población del campo. **Cientos de miles de personas morirían** de tifus durante la Segunda Guerra Mundial.

Por supuesto, los nazis no sólo se preocupaban por **la salud de sus prisioneros**, sino que les cortaban el pelo para **venderlo a las empresas alemanas**, para utilizarlo en productos textiles e industriales.

Se llevaron todas las pertenencias y objetos personales y el asustado grupo fue dirigido a un **gran cuarto de duchas**. Se aferraron unas a otras mientras el **agua cargada de productos químicos** les caía encima.

Las duchas pretendían **desinfectar** a los prisioneros recién llegados. Sin embargo, los nazis también las usaban como una herramienta de **asesinato masivo** para aquéllos mandados al **lado izquierdo en una selección**. En esos casos, se liberaría el **mortal gas Zyklon B** dentro del cuarto de duchas.

¡Todas **se pondrán esto!**

Entonces les suministraron **vestidos de prisionero a rayas**. No hubo ningún intento de proporcionarles ropa que les **quedara bien**. La mayoría de la ropa estaba usada, la dueña anterior **ya no la necesitaría**.

Las hermanas estaban *obligadas a realizar trabajo sin sentido* por los sádicos guardias del campo. Se verían obligadas a *llevar rocas pesadas* o *arrastrar troncos y ramas* de un lugar a otro por horas seguidas.

Debido a la *poca comida recibida*, todas *perdieron peso rápidamente*. Hubo muchas que *murieron de hambre*. Estaban debilitadas y eran vulnerables a las enfermedades.

Muchas contrayeron *fiebre tifoidea*, que *podría ser mortal* sin tratamiento.

Ahora su hermana tenía *tifus*. Cela era *todo lo que tenía*.

La desesperación y el miedo se apoderaron de Bluma. Haría cualquier cosa para no perder a su hermana. *Cualquier cosa.*

Bergen-Belsen alojó también a *una joven* que sería *póstumamente conocida* en todo el mundo por su diario. Se presume que *Ana Frank*, de 15 años, y *su hermana Margot murieron de tifus* en marzo de 1945.

Hermana.

Por favor.

Ayúdame.

¿Cela?

Estoy *tan cansada* y *débil.*

Me temo que no viviré para ver *mañana.*

Por favor... ¿me puedes conseguir *medicina* o *más comida?*

Sí... por supuesto.

Lo intentaré.

Bluma se baja al piso con cautela, gateando cuidadosamente entre las literas sobre *manos y rodillas temblorosas.*

Bluma *corre entre* las barracas, siguiendo el contorno de las paredes. *Debe esquivar* el haz de luz de los reflectores y deslizarse entre las *sombras*.

Escabulliéndose en el *aire frígido* de febrero, Bluma debe *evitar el descubrimiento...* no debe despertar a la congestada masa de reclusas embutidas dentro del edificio insalubre y plagado de enfermedades.

Más que nada, debe *moverse silenciosamente* y fuera de la vista.

Con el *corazón acelerado*, ruega encontrar *algo...* cualquier cosa para *salvar a su hermana*.

Al llegar al *comedor*, divisa la *respuesta* a su plegaria a través de la ventana de la cocina.

55

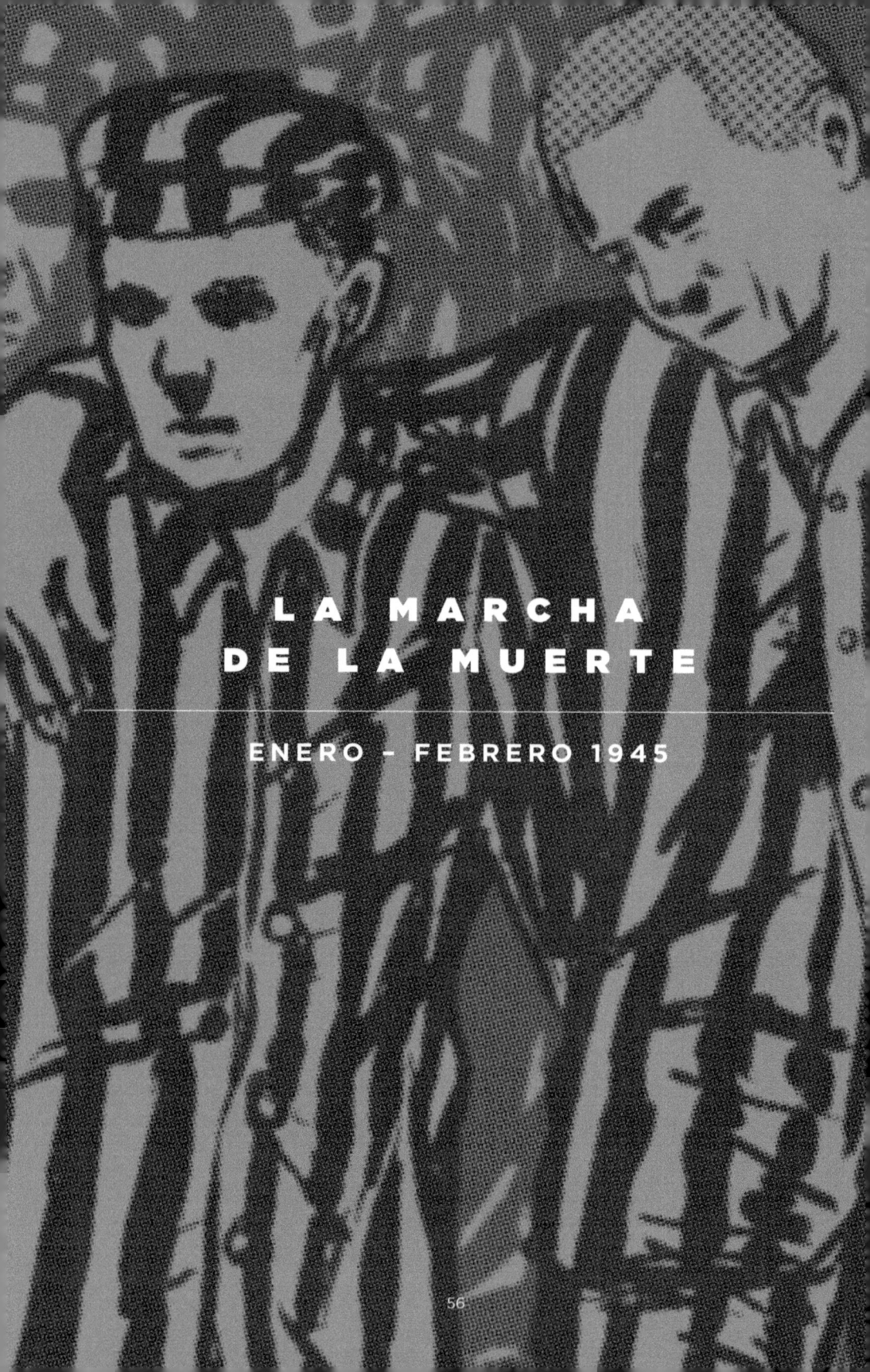

LA MARCHA
DE LA MUERTE

ENERO – FEBRERO 1945

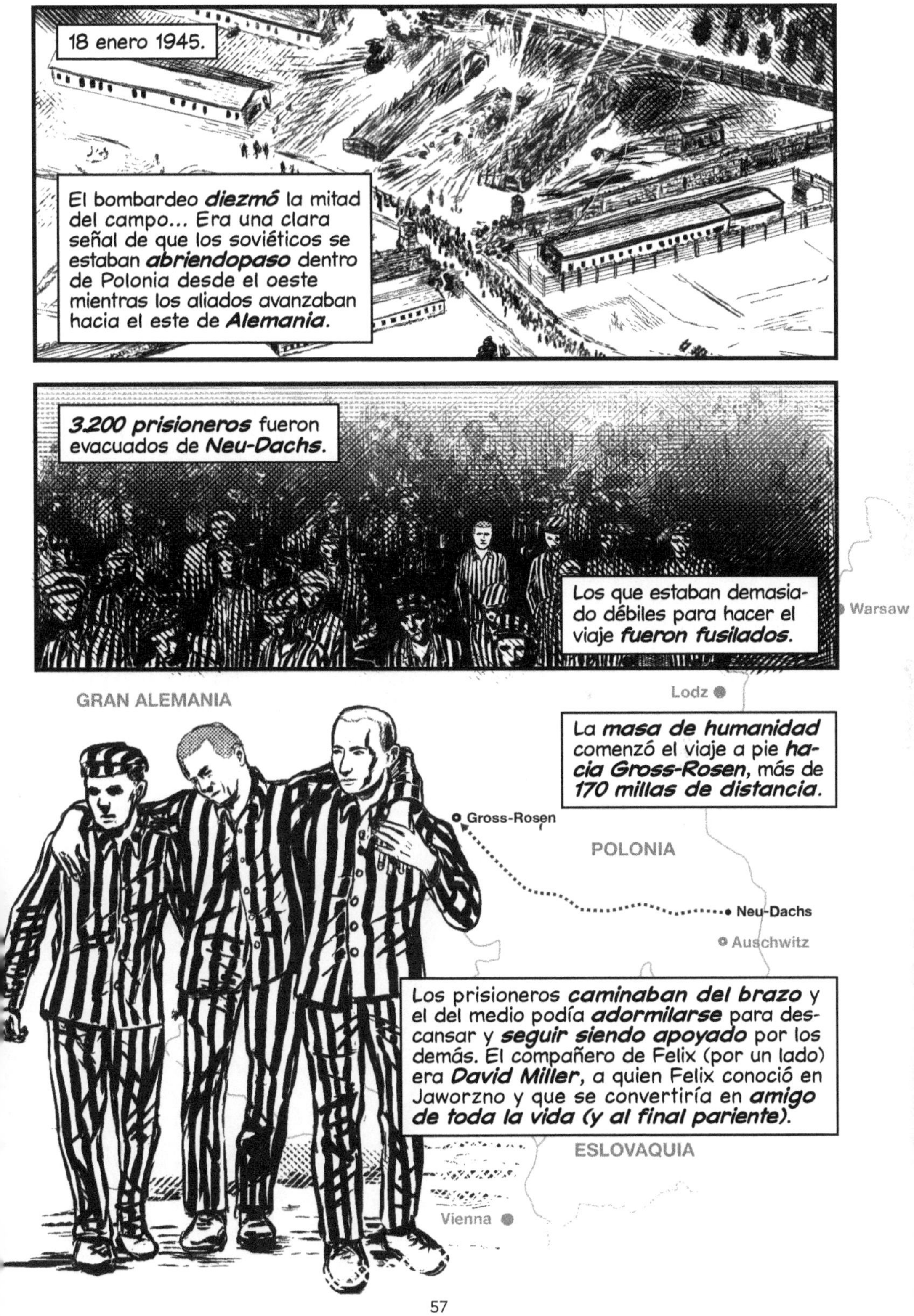

18 enero 1945.

El bombardeo *diezmó* la mitad del campo... Era una clara señal de que los soviéticos se estaban *abriendopaso* dentro de Polonia desde el oeste mientras los aliados avanzaban hacia el este de *Alemania*.

3.200 prisioneros fueron evacuados de *Neu-Dachs*.

Los que estaban demasiado débiles para hacer el viaje *fueron fusilados*.

Warsaw

GRAN ALEMANIA

Lodz

La *masa de humanidad* comenzó el viaje a pie *hacia Gross-Rosen*, más de *170 millas de distancia*.

Gross-Rosen

POLONIA

Neu-Dachs

Auschwitz

Los prisioneros *caminaban del brazo* y el del medio podía *adormilarse* para descansar y *seguir siendo apoyado* por los demás. El compañero de Felix (por un lado) era *David Miller*, a quien Felix conoció en Jaworzno y que se convertiría en *amigo de toda la vida* (y al final pariente).

ESLOVAQUIA

Vienna

Las SS mantenían a los prisioners *moviéndose al trote.*

Muchos fueron empujados *más allá de su resistencia.*

Los que *no podían* aguantar más...

...fueron *disparados o pisoteados.*

Los dejaron morir en la *calle.*

Las perspectivas eran *sombrías.*

El esfuerzo por *sobrevivir* empujó a los prisioneros a hacer lo *impensable...*

Para ir a **Gross-Rosen** era necesario pasar por varios pueblos y aldeas, lo que hizo inevitable un encuentro entre los habitantes y la **masa que andaba arrastrando los pies**.

Algunos **inten-taron** ayudar.

La mayoría **no lo hizo**.

Un granjero decidió hacer lo que podía para los hombres harapientos. **Hirvió patatas** para los caminantes mientras **pasaban** por su granja.

Los **guardias de las SS** amenaza-ron con **disparar** a cualquiera que **tomara** más de una.

Felix pasó por la cola al menos **seis veces**.

Los nazis no **lo no-taron**.

De todos mo-dos si **iba a morir**, lo haría con el **estómago lleno**.

Simplemente ya no le **im-portaba**.

Entre los grupos de hombres arreados por las **despiadadas SS** se encontraba también con **Elie Wiesel**, de 16 años. Más tarde, Weisel recordaría esta experiencia terrible con **detalles desgarradores** en su libro, **Noche**.

Hasta **60.000 prisioneros** del sistema de Auschwitz fueron **obligados** a marchar **más de 170 millas** para evacuarlos ante el acercamiento de los soviéticos.

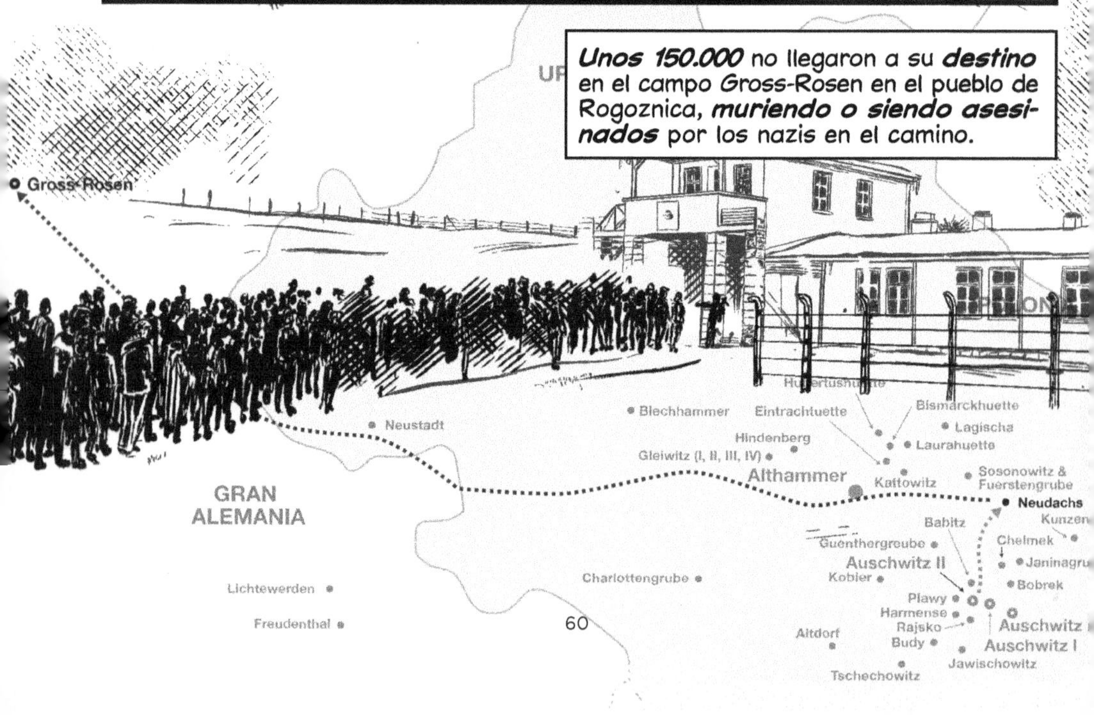

Unos 150.000 no llegaron a su **destino** en el campo Gross-Rosen en el pueblo de Rogoznica, **muriendo o siendo asesinados** por los nazis en el camino.

URS...

○ Gross-Rosen

GRAN
ALEMANIA

Neustadt ●

Lichtewerden ●

Freudenthal ●

Charlottengrube ●

Hubertushütte

● Blechhammer   Eintrachtuette
                Hindenberg
Gleiwitz (I, II, III, IV) ●
                        Althammer
                            Kattowitz

Babitz
Güenthergreube ●
            Auschwitz II
            Kobier ●
                Plawy ●
Harmense ●
        Rajsko
Altdorf   Budy ●

Bismarckhuette
    ● Lagischa
● Laurahuette
Sosonowitz &
Fuerstengrube
● Neudachs
        Kunzen
Chelmek ●
    ● Janinagru
    ● Bobrek

Auschwitz
Auschwitz I

Tschechowitz   Jawischowitz

De *Gross-Rosen*, los *prisioneros* fueron colocados en un tren de *transporte* y trasladados a su *próximo destino*.

En total, *cientos de miles* se obligaron a participar en *las marchas de la muerte* mientras los nazis suprimían los campos en toda Alemania y sus teritorios ocupados. *Decenas de miles* fueron asesinados.

10 febrero 1945.

El tren llegó a su *parada final*.

Felix Goldberg había llegado a *Buchenwald*.

CAMPO DE CONCENTRACIÓN DACHAU

FEBRERO – ABRIL 1945

Medios de febrero 1945.

Campo de concentración Bergen-Belsen, Lohheide, Alemania.

Varias mujeres han sido **llamadas** para la selección.

Usted.

¡Vaya a la derecha!

Obligadas a **quitarse la ropa**, deben caminar en fila ante los hombres de las SS para **ser inspeccionadas**... para determinar su estado físico como si fueran **ganado**.

Están **expuestas** en todos los sentidos... escabulléndose en rincones oscuros tanto para ocultar su **desnudez** como para esconder sus **cuerpos esqueléticos**.

Se dividen en **dos grupos**. Las **débiles** y **las fuertes**.

Las fuertes serán mandadas para **trabajar**. Las débiles... serán menos **afortunadas**.

Bluma y Cela Tishgarten son fuertes... y necesitarán esa fuerza para lo **que les espera**.

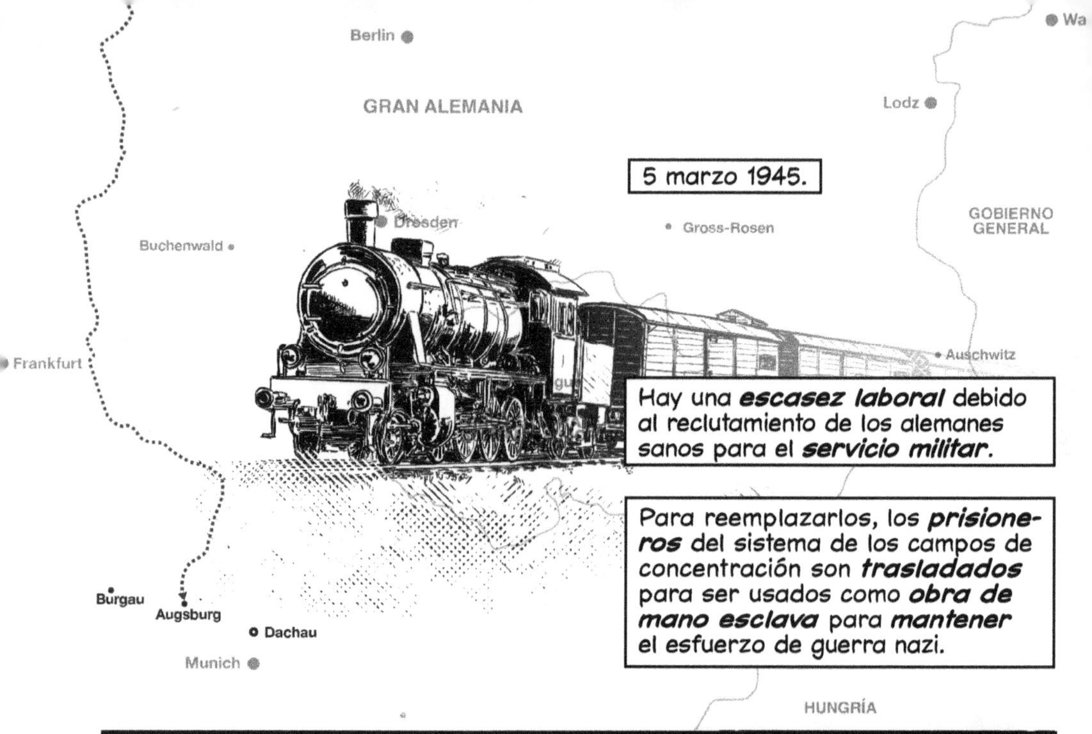

Berlin ●

GRAN ALEMANIA

Lodz ●

● Wa

5 marzo 1945.

● Dresden

Buchenwald ●

● Gross-Rosen

GOBIERNO
GENERAL

● Frankfurt

Hay una *escasez laboral* debido
al reclutamiento de los alemanes
sanos para el *servicio militar.*

● Auschwitz

Para reemplazarlos, los *prisioneros* del sistema de los campos de
concentración son *trasladados*
para ser usados como *obra de
mano esclava* para *mantener*
el esfuerzo de guerra nazi.

Burgau

Augsburg
● Dachau
Munich ●

HUNGRÍA

Las hermanas Tishgarten
han aguantado un viaje infernal.

Unas *dos semanas* amontonadas
con *casi 75 personas* en vagones
de ganado con *capacidad para 40.*

Había *poca comida o agua* para sostener
a los 500 personas en el tren, y *muchas
murieron* por hambre y enfermedad antes
de llegar a su destino en la *Estación de
Augsburg.*

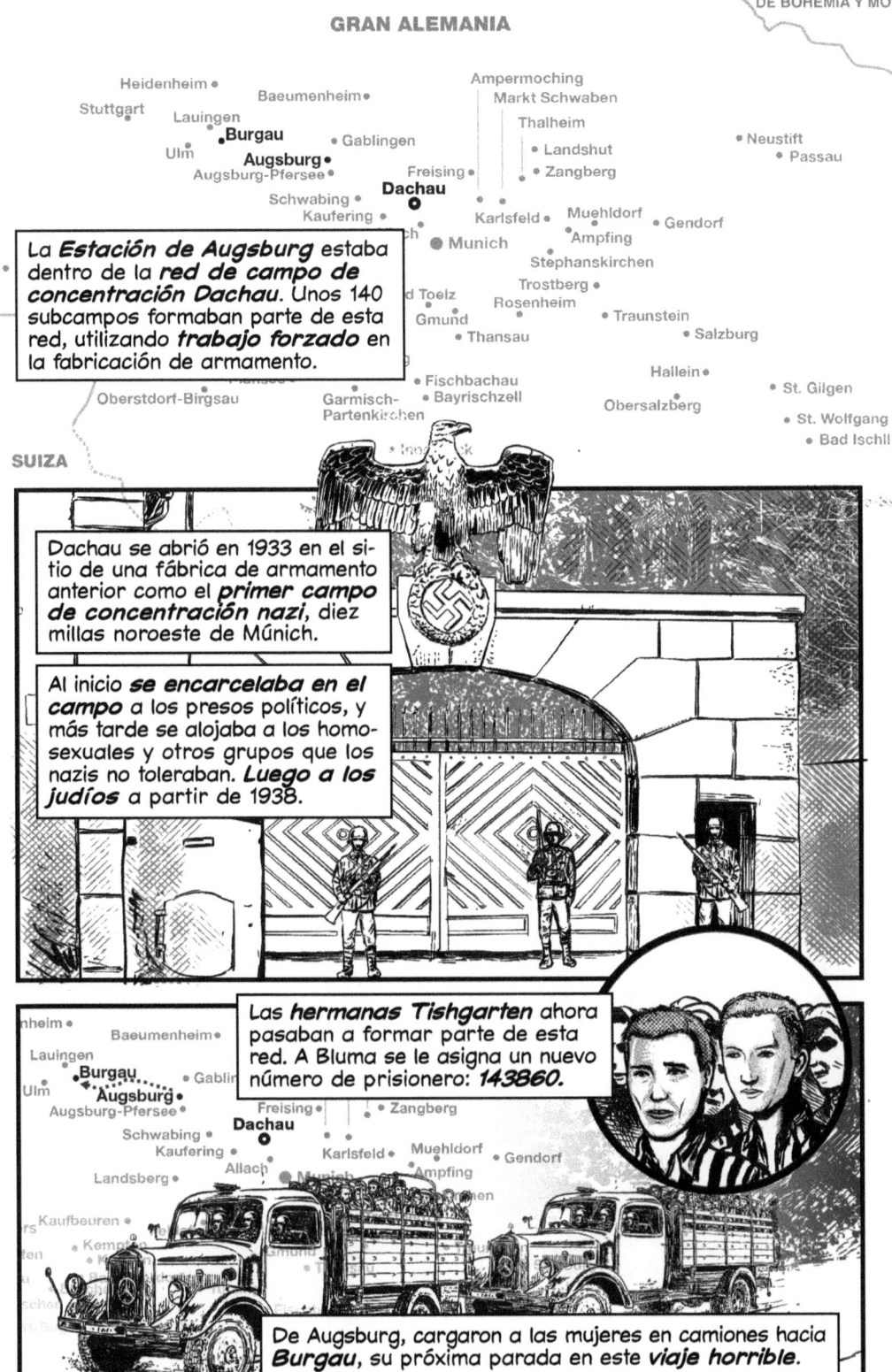

Heidenheim •
Stuttgart
Baeumenheim •
Ampermoching
Markt Schwaben
Lauingen
• **Burgau**
Thalheim
Ulm
• Gablingen
Neustift •
Augsburg •
• Landshut
• Passau
Augsburg-Pfersee •
Freising •
• Zangberg
Dachau
Schwabing •
Kaufering •
ch
• Munich
Karlsfeld •
Muehldorf •
• Gendorf
Ampfing
Stephanskirchen
d Toelz
Trostberg •
Rosenheim
Gmund
• Traunstein
• Thansau
• Salzburg
Hallein •
cell •
Oberstdorf-Birgsau
Garmisch-Partenkirchen
• Fischbachau
• Bayrischzell
Obersalzberg
• St. Gilgen
• St. Wolfgang
• Bad Ischl

SUIZA

La *Estación de Augsburg* estaba dentro de la *red de campo de concentración Dachau*. Unos 140 subcampos formaban parte de esta red, utilizando *trabajo forzado* en la fabricación de armamento.

Dachau se abrió en 1933 en el sitio de una fábrica de armamento anterior como el *primer campo de concentración nazi*, diez millas noroeste de Múnich.

Al inicio *se encarcelaba en el campo* a los presos políticos, y más tarde se alojaba a los homosexuales y otros grupos que los nazis no toleraban. *Luego a los judíos* a partir de 1938.

Las *hermanas Tishgarten* ahora pasaban a formar parte de esta red. A Bluma se le asigna un nuevo número de prisionero: *143860.*

nheim •
Baeumenheim •
Lauingen
Burgau
• Gablin
Ulm
Augsburg •
Augsburg-Pfersee •
Freising •
• Zangberg
Dachau
Schwabing •
Kaufering •
Karlsfeld •
Muehldorf
• Gendorf
Landsberg •
Allach
Ampfing
Kaufbeuren •
Kempten

De Augsburg, cargaron a las mujeres en camiones hacia *Burgau*, su próxima parada en este *viaje horrible*.

El subcampo Burgau **proporcionaba trabajadores** para la fábrica *Kuno II*, oculta en lo más profundo del *Bosque Scheppach*.

Estaban construyendo el *ME-262*...

El *primer avión de combate* del mundo.

Las *campañas de bombardeo aliadas* habían *destruido* efectivamente las fábricas y los aeródromos convencionales.

El *montaje descentralizado* se dispersaba por el bosque y otras instalaciones bajo tierra para *ocultar la fabricación*.

Una *malla de camuflaje en lo alto* también *impedía que la obra se viera* desde arriba.

Se planificó la logística para garantizar que el producto final estuviera *lo suficientemente cerca* de la carretera como para utilizar la autopista como *pista de aterrizaje*.

Cela.

Han pasado más de **dos años y medio** desde que las hermanas Tishgarten **cayeron en cautiverio**. Estos tiempos son oscuros y el futuro es **incierto**.

¿Qué **te pasa**?

¿Crees que podemos **sobrevivir** mucho más tiempo?

Sí.

Hemos estado **juntas**.

Hemos **rezado** todas las noches.

Si son ciertos los rumores...

Puede que los estadounidenses **lleguen pronto**.

Y **seremos libres**.

LIBERACIÓN

ABRIL – MAYO 1945

11 abril 1945.

Entraron en el campo a las 3:15 de la tarde.

Felix no podía *creer lo que veía.*

Llevaba días *tumbado* bajo la barraca... solo en la oscuridad. *Cansado. Asustado. Hambriento.*

Trepando. Tropezando. Sus piernas lo impulsan hacia estos *inesperados salvadores.*

Felix diría en entrevistas en los años venideros: "Durante cinco años *viví sin esperanza".*

"Y entonces *vi a los norteamericanos."*

"Fue el *día más feliz de mi vida."*

12 abril 1945.

El Comandante Supremo Aliado **General Dwight D. Eisenhower** entró con las tropas para **ser testigo personal de las condiciones** del campo.

Quería ver *"cada rincón y grieta"*.

La carnicería humana estaba por **todas partes**. Había cuerpos donde la gente se desplomó por enfermedad, hambre o **ejecución**. Los cadáveres se apilaron y los **restos carbonizados** de otros se encontraron en hornos.

El mundo **debe saber** lo que pasó... y **no olvidarlo nunca.**

"La **evidencia visual** y el testimonio verbal de **inanición, crueldad y bestialidad** eran tan abrumadores que me dejaron un poco enfermo," diría Eisenhower más tarde.

Eisenhower declararía además, "Había un cuarto en donde se amontonaron **viente a treinta hombres desnudos, muertos de hambre.** George Patton ni siquiera entraría. Dijo que hacerlo le daría asco. **Decidí visitar a propósito,** para estar en condiciones de **dar pruebas de primera mano** de estas cosas si en algún momento futuro **se desarrolla una tendencia de desestimar estas acusaciones como propaganda."**

73

Eisenhower *insistió* en que estas atrocidades fueran *presenciadas*.

Llamó a *los medios, dignatarios y legisladores* de todo el mundo para que *acudieran a este lugar* y a otros semejantes.

Para verlo *por sí mismos*.

Los ciudadanos alemanes también fueron obligados a *dar testimonio*.

Muchos afirmaron *no saber* lo que ocurría en los *campos cercanos*.

Se les hizo *mirar...*

Ver las *carbonillas, huesos y cenizas* en los hornos...

Enterrar *los cuerpos*.

Eisenhower mandó famosamente: "*Consiga todo en el registro ahora.* Consiga las imágenes. Consiga los testigos. Porque en algún punto del camino, *algún cabrón* va a pararse y *decir que esto nunca ocurrió*."

Había momentos de *sanación*.

Los presos anteriores fueron tratados con *dignidad y respeto*.

Felix Goldberg *recordaría con cariño* conocer al *General Eisenhower*.

Le dio *su agradecimiento*. Por su *libertad*. Por su vida.

Recordaría este día *vívidamente*, especialmente en un futuro noviembre, al *emitir su voto* para el *Presidente de los Estados Unidos de América*.

29 abril 1945.

Bluma y Cela Tishgarten habían sido *trasladadas* de Burgau a *Kaufering*, otro *subcampo de Dachau* a principios de abril.

Kaufering también tenía una red de subcampos. Las hermanas ahora estaban en *Kaufering VI, Türkheim*.

Mirando detenidamente la *bruma matinal*, Bluma se esfuerza por distinguir las *figuras que aparecen*, formas delineadas por la luz al *salir a la vista*.

Las SS habían *huido*.

¿Quién *se acercaba*? ¿Eran ciertos los rumores *susurrados* en las sombras? ¿Se aproximaba la *salvación*... o tal vez *nuevos horrores* por descubrir?

Alabado sea Dios.

¡Los norteamericanos!

LANDSBERG, ALEMANIA

MAYO 1945 – SEPTIEMBRE 1949

GRAN ALEMANIA

Bergen-Belsen

Felix Goldberg

David Miller

Buchenwald

Dresden

Prague

Bluma Tishgarten

Landsberg — Dachau — Kaufering
Munich

Cela Tishgarten

Lódz

Gross-Rosen

Neudachs

Auschwitz

PROTECTORADO
DE BOHEMIA Y MORAVIA

ESLOVAQUIA

Vienna

HUNGRÍA

Mayo 1945.

Juntos, Felix Goldberg y su amigo David Miller **habían sobrevivido** Auschwitz, Jawarzno, la marcha de la muerte y Buchenwald. Ahora ellos dos disfrutarían de su **primer sabor de la libertad** entre otros judíos liberados en un **campo para las personas desplazadas** en Landsberg, cerca de Múnich.

Al ser **liberadas**, Bluma y su hermana estaban débiles y **necesitaban ser internadas**. Después de recibir **tratamiento** las hermanas **son lo suficientemente fuertes** como para ser trasladadas al **campo de personas desplazadas en Landsberg**, tras su experiencia horrible en Kaufering.

El **campo PD** se administraba conjuntamente por los Aliados y la Administración de Socorro y Rehabilitación de las Naciones Unidas. Era un lugar para **reajustarse** al mundo. *No había alambre de púas... ya no eran prisioneros* que vivían en el campo, sino huéspedes.

Los residentes tenían **libertad de movimiento** y **de asociación** y eso es lo que **uniría** a estos cuatro jóvenes.

El campo de personas **desplazadas** albergaba a los desposeídos... gente que **no tenía a dónde** ir ni **a dónde volver.**

Personas cuyas casas y propiedades fueron **confiscadas** o **destruidas**... cuyas familias fueron o **separadas o matadas** en la **fábrica de asesinatos nazi** de **los campos de labor, concentración y muerte.**

Las hermanas Tishgarten **también eran disposeídas** ya que su casa y ciudad natal fueron **consumidas por el fuego de odio nazi.** El paradero de su familia era un **misterio** y una **gran preocupación.**

Por favor **dígame su nombre, edad** y ciudad natal.

Mi nombre es **Bluma Tishgarten.**

Tengo **19 años.**

Soy de **Pinczow.**

Por favor **¿sabe...?**

¿Tiene **alguna información** sobre mis hermanos y padres?

Lo siento, no la tengo.

Supieron eventualmente que el día en **que huyeron al bosque** fue **la última vez** que pudieron haber visto a su **familia con vida.**

Felix descubrió felizmente que sus hermanos **Leon y Bernard estaban vivos** y también en Landsberg. Estos tres eran los **únicos sobrevivientes** de la familia de **David y Esther Goldberg.**

Los reencuentros **eran agridulces**... a menudo uno de los **únicos factores que motivaban** a los supervivientes de los campos de concentración a **aferrarse a la existencia** era la esperanza de volver a ver a un ser querido. Frecuentemente las familias quedaban **separadas** o **totalmente destruidas.**

En el campo PD los residentes tenían la oportunidad de **tomar clases**. Bluma **estudiaba costura**. Tomaba también una **clase de arte**.

Felix tomaba una **clase de imprenta**. Había sido un **aprendiz de imprenta antes** de la guerra, así que podía aprender más **sobre el oficio**.

¿Felix?

¿Sí?

Felix ¿entiendo que puedes **conseguir una cámara**?

Sí, puedo.

Los residentes del campo PD podían hacer **conexiones** y crear **nuevos círculos sociales**.

¿Puedes **hacerlo**?

Con **mucho gusto**.

¡Fantástico! Se llama **Bluma**.

Y Felix, ella es **muy bonita**.

Una amiga mía quería que le **saques una foto**.

9 julio 1946.

Hoy marca una *gran celebración*... *Felix y Bluma* contraen matrimonio con una *doble boda* al lado de *Cela*, la hermana de Bluma y *David*, el amigo de Felix.

Las *dos parejas jóvenes* se presentan ante el rabino bajo el toldo de la jupá y *comienzan juntas sus nuevas* vidas.

El Sr. y la Sra. Felix Goldberg

El Sr. y la Sra. David Miller

Bendigo esta unión... bajo los *ojos de Dios*... y todos los que están aquí hoy como *testigos*.

Cada uno de los novios *rompe una copa* según la tradición durante *este tiempo de alegría* en reconocimiento del *sufrimiento del pueblo judío*, rememorando la *destrucción del templo* de Jerusalém, así como este *terrible Holocausto al* que *acaban de sobrevivir.*

Los **refugiados** de la guerra y las **víctimas** del sistema de campos de concentración **se juntaron** aquí en Landsberg. Este pequeño grupo de **sobrevivientes** había **formado una comunidad**, unida por su **fe y sufrimiento compartidos**.

Era **temporal**, claro. Esperaban el **reasentamiento**... **Esperaban** los acuerdos internacionales y la **fijación de cuotas** de refugiados en países de todo el mundo.

Eran una **diáspora** en espera.

¡Mazel Tov!

Se **formaron amistades** y se hicieron vínculos. Las relaciones crecieron y los **romances florecieron**.

Lo **perdieron** todo, pero se encontraron el uno al otro.

Se convirtieron en una **familia**.

Y la familia creció... dos años más tarde, **en 1948**, los **Goldberg** dieron la bienvenida a su primogénito, **Henry**.

Felix

Bluma

Henry

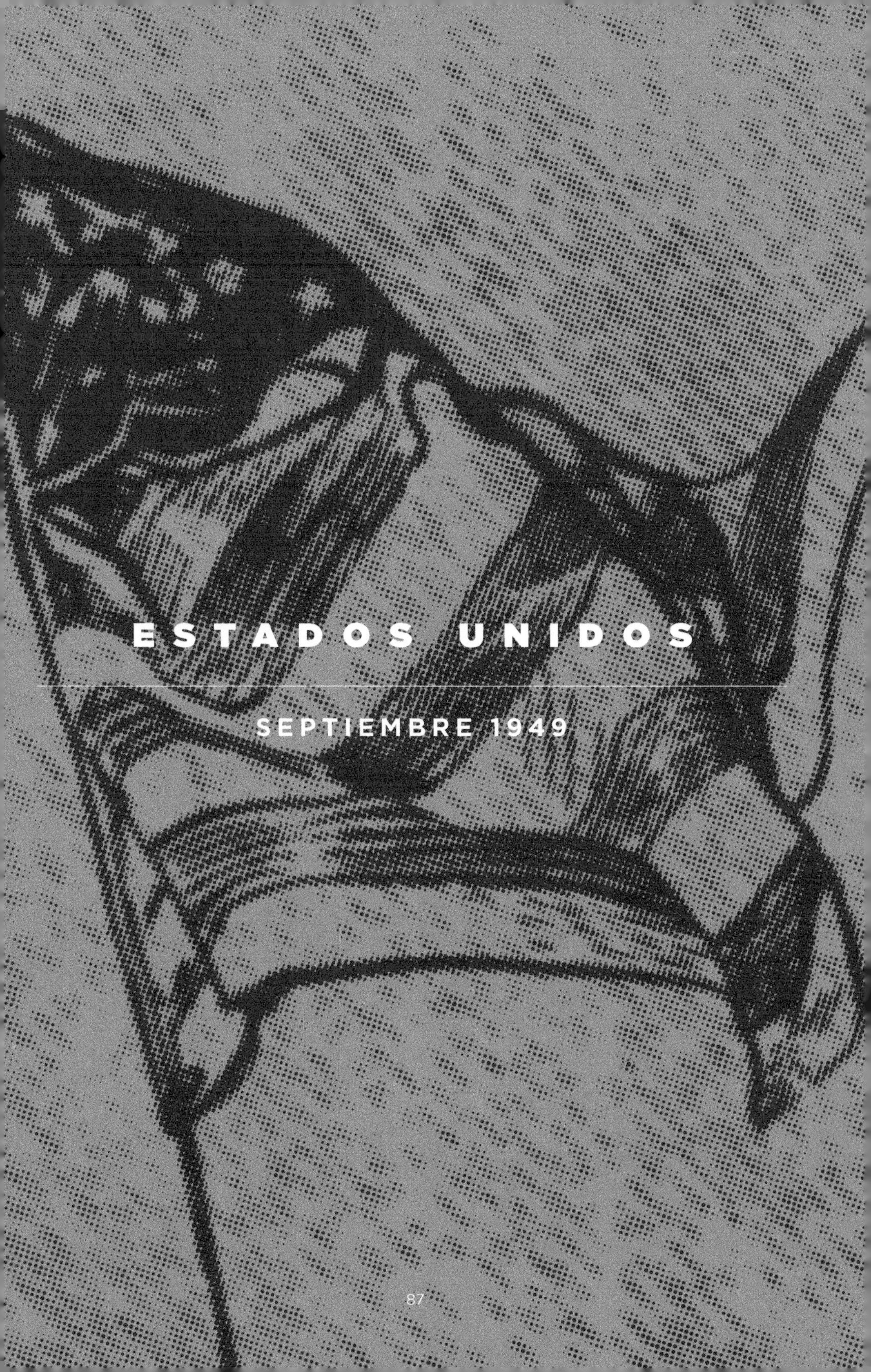

ESTADOS UNIDOS

SEPTIEMBRE 1949

7 septiembre 1949.

Bremerhaven, Alemania

Bluma y Felix se unen a la multitud de *personas desplazadas y emigrantes* con destino a Estados Unidos en el puerto de embarque Bremerhaven. Engalanado con banderolas que dicen *"Barco a la Libertad"*, el buque llamado el *General W. M. Black* los atrae.

Cariño...

Hoy comenzamos un largo *viaje a la libertad.*

No sé qué *esperar.*

Yo *sí.*

Espero la *vida.*

Espero la *libertad.*

Espero que *busquemos la felicidad.*

Espero que *la encontremos.*

¡En *Estados Unidos!*

¡BARCO A LA LIBERTAD!

Estoy tan agradecida de que mi hermana *ya esté allí.*

Tenemos familia para ayudarnos a *instalarnos.*

Serán los Goldberg y los Miller que *empiezan de nuevo.*

¡Juntos!

88

El *General W. M. Black* hizo su viaje de regreso a Estados Unidos como uno de muchos viajes transatlánticos. El *viaje a la libertad* no fue viento en popa para muchos dado que *aguas bravas* provocaron mareos a varios pasajeros.

El 20 de septiembre de 1949, el General W. M. Black llegó a su su destino, el *puerto de Nueva Orleans* en el estado de *Luisiana*, el decimoctavo estado que se unió a los *Estados Unidos de América* en 1782.

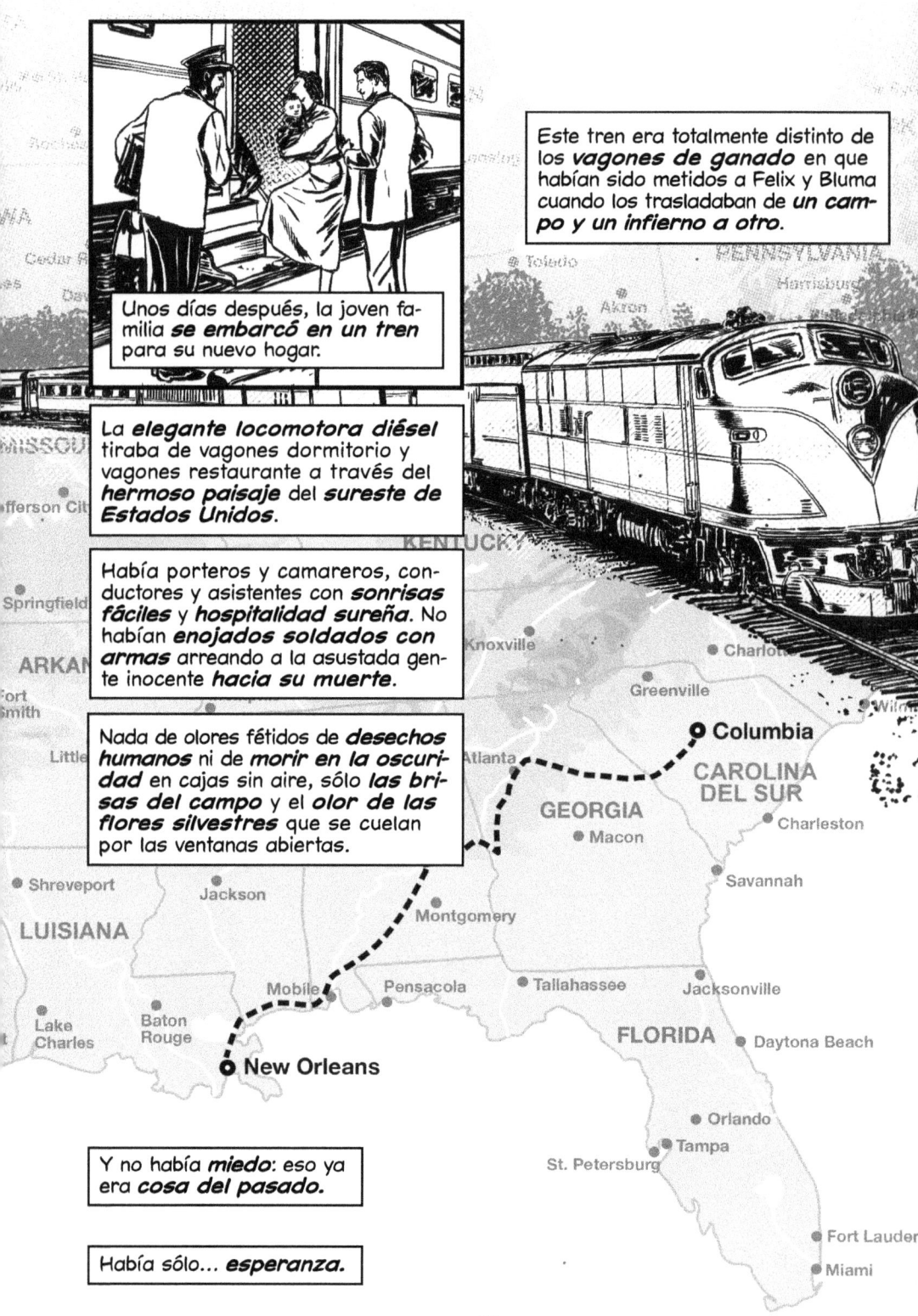

Unos días después, la joven familia **se embarcó en un tren** para su nuevo hogar.

Este tren era totalmente distinto de los **vagones de ganado** en que habían sido metidos a Felix y Bluma cuando los trasladaban de **un campo y un infierno a otro.**

La **elegante locomotora diésel** tiraba de vagones dormitorio y vagones restaurante a través del **hermoso paisaje** del **sureste de Estados Unidos.**

Había porteros y camareros, conductores y asistentes con **sonrisas fáciles** y **hospitalidad sureña.** No habían **enojados soldados con armas** arreando a la asustada gente inocente **hacia su muerte.**

Nada de olores fétidos de **desechos humanos** ni de **morir en la oscuridad** en cajas sin aire, sólo **las brisas del campo** y el **olor de las flores silvestres** que se cuelan por las ventanas abiertas.

Y no había **miedo**: eso ya era **cosa del pasado.**

Había sólo... **esperanza.**

COLUMBIA, CAROLINA DEL SUR

1949 – 1972

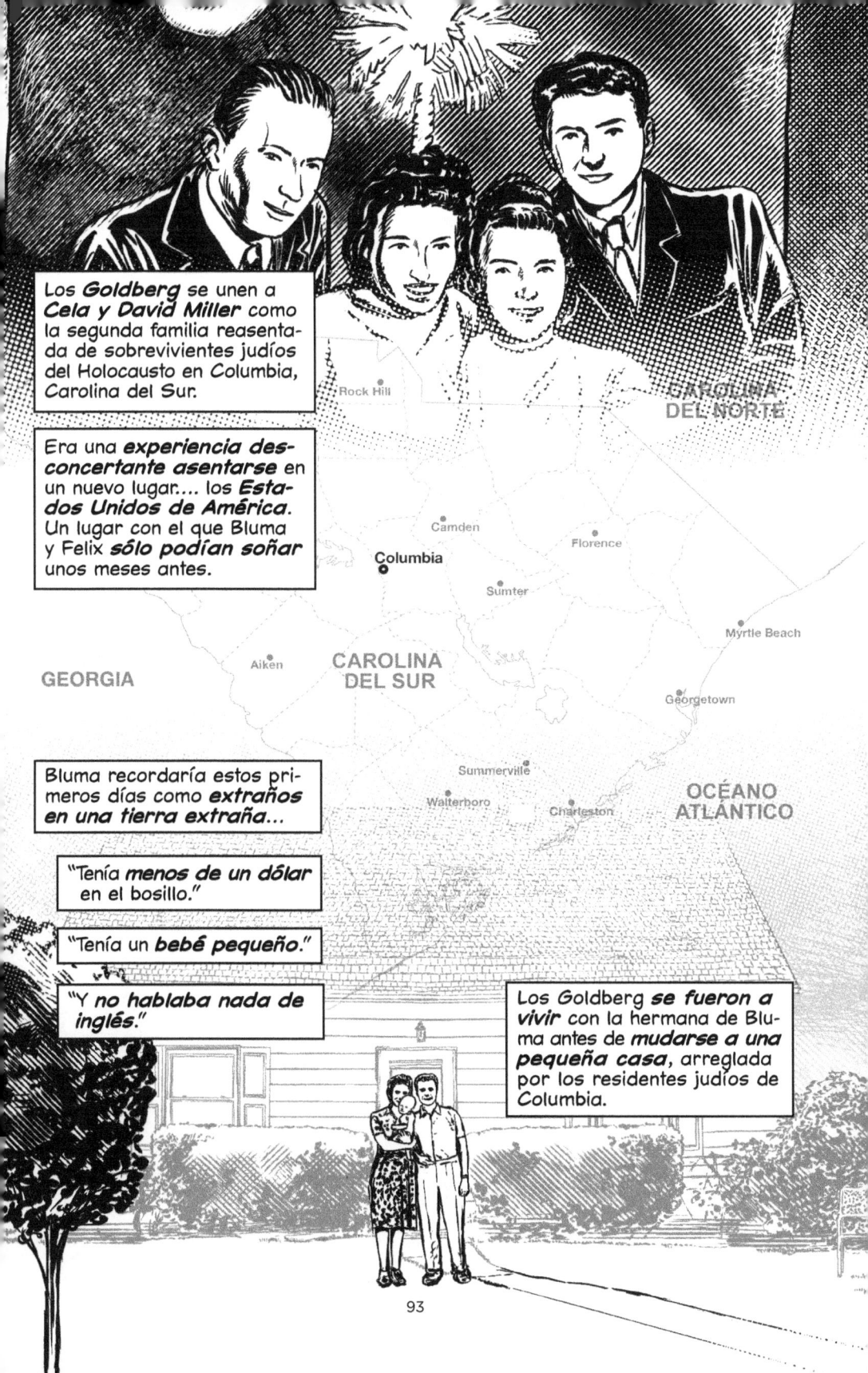

Los **Goldberg** se unen a **Cela y David Miller** como la segunda familia reasentada de sobrevivientes judíos del Holocausto en Columbia, Carolina del Sur.

Era una **experiencia desconcertante asentarse** en un nuevo lugar.... los **Estados Unidos de América**. Un lugar con el que Bluma y Felix **sólo podían soñar** unos meses antes.

Bluma recordaría estos primeros días como **extraños en una tierra extraña**...

"Tenía **menos de un dólar** en el bosillo."

"Tenía un **bebé pequeño**."

"Y **no hablaba nada de inglés**."

Los Goldberg **se fueron a vivir** con la hermana de Bluma antes de **mudarse a una pequeña casa**, arreglada por los residentes judíos de Columbia.

93

Al principio, Felix encuentra trabajo como *concerje*.

Después, entró a trabajar en una *empresa de suelos y baldosas*.

Trabaja muy duro y ahorra su dinero.

Eventualmente, *compra la parte* de su empleador y obtiene un préstamo con poco más garantía que su *buen nombre y reputación*.

1957

Felix abre el primer *local de venta al público del negocio* en Columbia.

La *familia Goldberg* ha crecido con dos hermanos *para Henry, de 9 años de edad. Karl, de 4* y la *pequeña Esther* completan la familia de cinco.

El *negocio crece* y se muda a la calle Two Notch en Columbia (y más tarde añade otro local en Florence).

Los Goldberg han pasado *de la tragedia al triunfo*, resurgiendo de las cenizas de la *guerra y la devastación* a la fértil tierra de las oportunidades en un país donde *todo* es posible.

TILE CENTER

2537

94

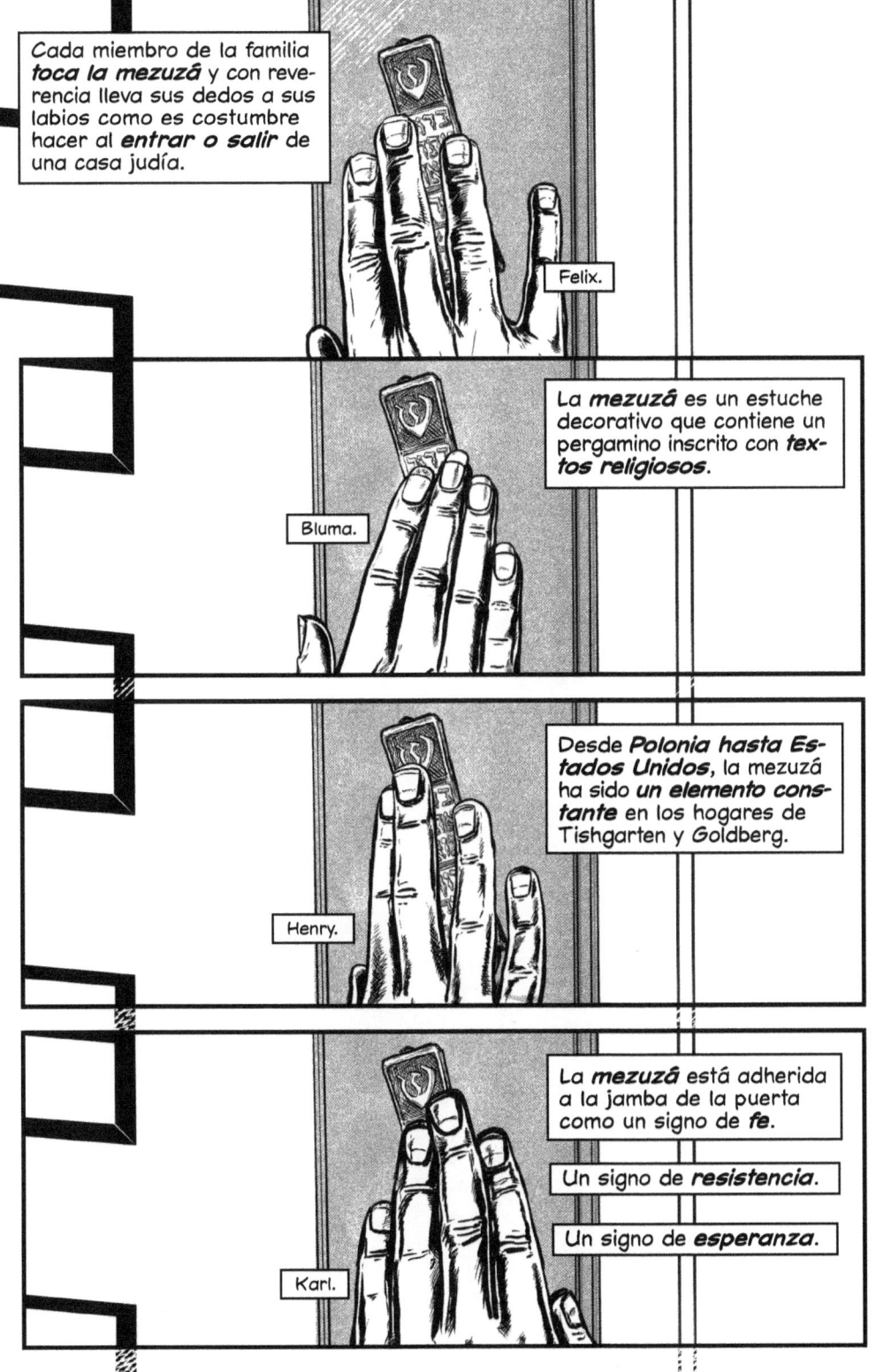

Cada miembro de la familia **toca la mezuzá** y con reverencia lleva sus dedos a sus labios como es costumbre hacer al **entrar o salir** de una casa judía.

Felix.

La **mezuzá** es un estuche decorativo que contiene un pergamino inscrito con **textos religiosos**.

Bluma.

Desde **Polonia hasta Estados Unidos,** la mezuzá ha sido **un elemento constante** en los hogares de Tishgarten y Goldberg.

Henry.

La **mezuzá** está adherida a la jamba de la puerta como un signo de **fe**.

Un signo de **resistencia**.

Un signo de **esperanza**.

Karl.

98

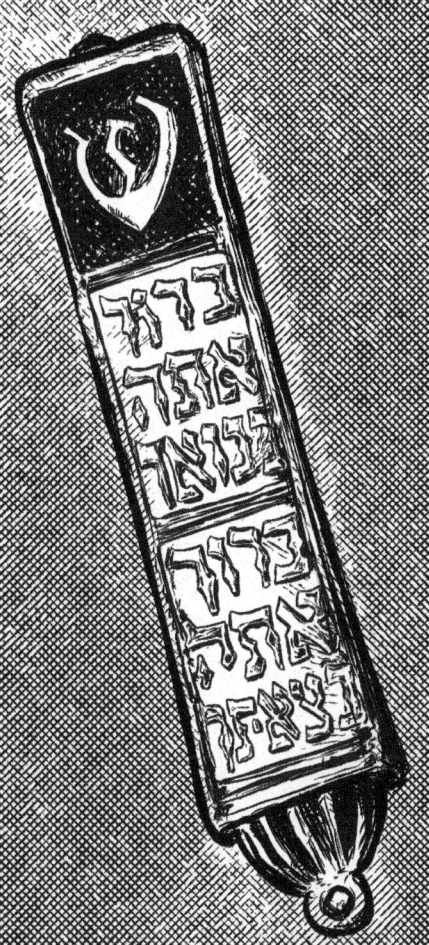

Fin.

זכור

EPÍLOGO

HOY Y MAÑANA

CONMEMORAR

No **demos por sentado** nuestras libertades.

Me **quitaron** las mías durante la guerra.

Bluma y Felix Goldberg nunca dejaron atrás el pasado. **Lo llevaban** consigo todos los días.

Los dos **lo compartieron** abiertamente en presentaciones. De hecho, **Elie Weisel** había animado a Bluma a seguir contando su historia.

"De alguna manera, tememos que tal vez por eso **sobrevivimos** -- para poder contar la historia," había dicho Bluma.

Los Goldberg eran residentes prominentes de la comunidad de Columbia, Carolina del Sur.

Estoy orgulloso de vivir aquí en Columbia.

Como muchos de ustedes ya saben, tengo un pasado desagradable.

De hecho, es oscuro y perturbador...

Compartieron resueltamente sus historias de supervivencia con su comunidad, hablando en escuelas y sinagogas... proporcionando a nuevas generaciones una dura advertencia.

Felix y Bluma Goldberg y su familia eran miembros activos de la **Congregación Beth Shalom**.

Libres de practicar su fe **abiertamente y sin miedo** a la persecución en Estados Unidos, el país que amaban.

Bluma Goldberg

Bernard Goldberg

Felix Goldberg

David Miller

Luba Goldberg

Cela Miller

Max Krautter

Ben Stern

Jadzia Stern

Ben Sklar

Los Goldberg también pertenecían a **otra comunidad**, una con un vínculo y recuerdos de dolor de por vida... los **sobrevivientes del Holocausto**.

Por la mañana, encontraríamos **entre 10 a 15 muertos**.

Mi hermana estaba conmigo.

Ella fue **la razón** por la que sobreviví.

Le dispararían.

Le llevarían a un lugar...

y no regresaba nunca.

Los compañeros supervivientes también compartieron sus historias en **proyectos de historia oral** incluyendo los testimonios en video... uniéndose con Felix, Bluma y su hermana Cela en **narrar los horrores** que ellos presenciaron y los que sufrieron. Incluso después de más de cincuenta años, las **voces siguen ahogándose** y las lágrimas siguen fluyendo.

Los **hijos de los Goldberg** se unieron al próspero **negocio familiar** a medida que maduraran hasta la edad adulta. **Criaron** a sus propias familias en su querida Columbia, Carolina del Sur.

También han asumido la **tarea solemne** de seguir contando la historia de sus padres, **dando vida a los horrores del Holocausto** para las nuevas generaciones y manteniendo **vivo el recuerdo**.

... para **recordar el sufrimiento** que pasaron nuestros padres **durante la guerra**.

Karl Goldberg

Esther Goldberg-Greenberg

Henry Goldberg

Él derrotó a Hitler **al sobrevivir**.

Si mi madre hablara acá hoy...

terminaría diciendo un cordial **"gracias"** y **"Que Dios bendiga a Estados Unidos."**

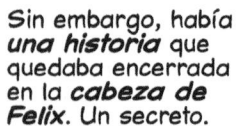

Sin embargo, había *una historia* que quedaba encerrada en la *cabeza de Felix*. Un secreto.

Un *secreto* que lo perseguía *todos sus* días.

Era un *recuerdo oscuro* del campo.

"Me *obligaron* a ayudar a *construir horcas* como parte de un detalle de trabajo," Felix recordaría.

"Vi como muchos *encontraron su final* como resultado de mi trabajo."

Felix estaba *muriendo.*

Ya no podía vivir con eso.

Tenía que revelar su *secreto.*

Lo dijo a su hijo mayor, *Henry.*

Papá

Papá.

No... no fue *su culpa.*

El secreto *se compartió.*

Felix no tendría que *llevárselo* a la tumba.

Felix Goldberg se falleció el 24 de noviembre de 2000. Tenía 83 años.

Bluma le diría a su familia por generaciones, "Amar a sus hermanos."

"Mantenerse cerca de sus familias y lugares de culto. Vivir su religión."

"Tomar una posición contra la injusticia."

"Valorar y ser agradecidos por este maravilloso país en donde vivimos."

Bluma Tishgarten Goldberg sobreviviría a Felix por poco más de dos décadas.

La querida matriarca de la familia sirvió como inspiración a sus hijos, nietos y bisnietos hasta su muerte a los 94 años en 2021.

Bluma Tishgarten y Felix Goldberg eran jóvenes judíos polacos atrapados en la **shoá;** el ascenso al poder de Adolf Hitler, el aumento de antisemitismo y lo que siguió.

Pero aun así **sobrevivieron.**

Esta ha sido **su historia.** Felix Goldberg diría, "Sé que ellos siguen oyéndola **cada año**. Pero aún hay que **recordársela a la gente".**

Se debe seguir contando estas historias. Cada generación nueva **debe saber lo que sucedió.**

זכור

CONMEMORAR

Aunque la *Segunda Guerra Mundial* y el *Holocausto*
hayan terminado hace tiempo... las atrocidades, el genocidio, la intolerancia,
el prejuicio y el antisemitismo *siguen existiendo hoy en día.*

La frase *"no olvidar nunca"* se acuñó como *recordatorio*
para que todo el mundo *recuerde* y *estudie el pasado.*
Como dijo William Faulkner, *"El pasado nunca está muerto.*
Ni siquiera es pasado."

Siempre nos acompaña -- y si no tenemos cuidado --
se puede repetir.

La historia de supervivencia de Felix y Bluma Goldberg
nos advierte de lo que pasó... y *nos recuerda nuestro deber*
de no olvidar nunca a los seis millones que perdieron la vida
y asegurarnos de que *no vuelva a ocurrir.*

Fin.

POSTFACIO

POR JOHN SHABLESKI

El genocidio, la limpieza étnica, la reubicación, el linchamiento, el pogromo... estas son algunas de las palabras o los eufemismos que han sido utilizados para describir uno de los aspectos más horrendos de la raza humana. No existe un lugar en cualquier continente sin historias sobre la masacre de nuestros semejantes. A través de la historia "los exploradores y descubridores" encabezaron la primera oleada de esfuerzos para borrar a las indígenas poblaciones locales. En los últimos 400 años de la historia norteamericana, hemos matado o reubicado a la gente que vivía aquí durante eones. También hemos esclavizado a una raza entera de gente que vive hasta el día de hoy con la amenaza de la matanza.

Incluso hoy en día somos testigos del horror de las atrocidades cometidas contra gente de todo el mundo. Desde los sudaneses y ruandeses hasta los camboyanos y rohingya, sirios, kurdos, serbios y croatas. La limpieza étnica es una nueva forma de genocidio que está muy presente.

El tema central de esta historia particular, y lo que la hace tan horripilante, es que el Holocausto representa el momento en que los seres humanos desarrollaron un método industrial, científico y mecánico para la matanza de toda una raza humana. Igual de aterradora es la idea de que el resto del mundo se quedara de brazos cruzados y sólo mirara mientras millones de personas: niños, mujeres y hombres, madres, hermanas, hermanos, hijos, padres, ancianos... eran masacrados.

A partir de este evento, de las cenizas literales, descubrimos también la verdadera fuerza del espíritu humano. A menudo se cita la frase de Ana Frank "A pesar de todo, sigo creyendo que la gente es buena de corazón." Al leer la historia de Bluma y Felix, verá lo increíble que puede llegar a ser el espíritu humano.

Las imágenes en este libro son solo una pequeña muestra de las luchas diarias a las que se enfrentaban junto con miles de otros prisioneros en donde cada momento era realmente una decisión de vida o muerte.

ÁLBUM DE LA FAMILIA GOLDBERG

A TRAVÉS DE LOS AÑOS

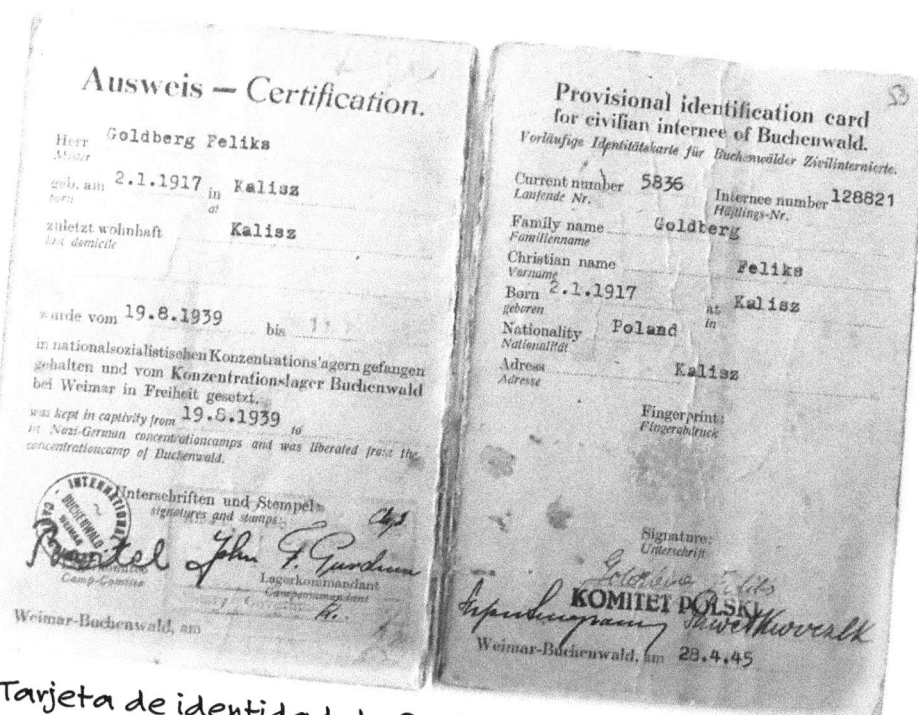

Tarjeta de identidad de Buchenwald de Felix Goldberg

Felix Goldberg poco después de ser liberado de Buchenwald

Bluma y Cela Tishgarten en el campo
de personas desplazadas en Alemania

David Miller, Cela Tishgarten, Bluma Tishgarten
y Felix Goldberg en el campo DP

El día de la boda: Una boda doble

A la derecha: Los recién casados el Sr. y la Sra. Felix Goldberg

A la izquierda: El Sr. y la Sra. David Miller (Cela se había casado con el mejor amigo de Felix.)

La feliz pareja Bluma y Felix Goldberg poco después del nacimiento de su hijo Henry

El General W. M. Black, el barco de transporte que trajo a los Goldberg y a otras personas desplazadas a Estados Unidos

Formar una familia en Estados Unidos

Bluma con Esther, Karl y Henry (1963)

Felix con Henry y Karl (1954)

¡Celebración del bar mitzvá de Karl! (hacia 1966)
Felix, Bluma, Karl, Esther y Henry

Karl, Esther y Henry Goldberg (1968)

David y Cela Miller (1976)

Bluma y Felix Goldberg (1972)

La Asamblea Legislativa de Carolina del Sur aprueba una resolución en reconocimiento a Bluma Goldberg

2021-2022 Proyecto de ley 3713

Izquierda a derecha:
Henry Goldberg, Esther Greenberg,
Representante del Estado de Carolina
del Sur Beth Bernstein,
Gloria Goldberg, Karl Goldberg,
Margo Goldberg, Ira Greenberg
(20 de junio de 2021)

Felix Goldberg, 1917-2000

Bluma Goldberg, 1926-2021

*Más información sobre los Goldberg
y su viaje completo en nuestro sitio web:*

www.StoriesofSurvival.org

SOBRE LOS AUTORES

CONOCER AL EQUIPO

FRANK W. BAKER, HISTORIA Y GUIÓN

Frank W. Baker ha trabajado en noticias de televisión, educación pública y televisión pública. En 1998 fundó el sitio web Media Literacy Clearinghouse y comenzó a trabajar ayudando a los maestros y estudiantes a entender mejor cómo pensar críticamente sobre los medios de comunicación.

Frank es un presentador habitual en escuelas, distritos y conferencias en todo Estados Unidos. Su trabajo en la alfabetización mediática ha sido reconocido por la Asociación Nacional de Padres de Alumnos y la Asociación Nacional de Televisión por Cable con el premio nacional "Líderes en Aprendizaje" en 2007. También ha impartido formación en la alfabetización mediática con educadores de Singapur, Bombay (India) y Nairobi (Kenia). En 2019, Frank fue reconocido por la UNESCO con su honor GAPMIL (Global Alliance Partnership for Media & Information Literacy).

Ha publicado artículos en *Learning & Leading With Technology* (ISTE), *Education Week, Cable in The Classrom, Telemedium, Florida English Journal, Ohio Media Spectrum, Middle Ground: The Magazine of Middle Level Education, Library Media Connection (LMC)* y *Screen Education* (Australia). Su primer libro, *Coming Distractions: Questioning Movies*, fue publicado por Capstone Press. Su segundo libro, *Political Campaigns & Political Advertising: A Media Literacy Guide,* fue publicado por Greenwood Press.

Su tercer libro, *Media Literacy in The K-12 Classroom*, fue publicado por ISTE (2012). En 2017, Routledge publicó su *Close Reading the Media: Literacy Lessons and Activities for Every Month of the Year.*

Más información sobre Frank en www.frankwbaker.com.

TIM E. OGLINE, COAUTOR DE GUIÓN MÁS ARTE Y DISEÑO

Tim E. Ogline es un autor, ilustrador y profesional de diseño basado en Filadelfia. Su primer libro, *Ben Franklin For Beginners*, ha sido calificado de "cautivador" por el Premio Pulitzer Joseph J. Ellis y una "lectura obligada" por el exgobernador de Pensilvania Edward G. Rendell además de "absolutamente brillante" por Geekadelphia. Actualmente trabaja en una nueva novela gráfica, *Benjamin Franklin's The Way to Wealth and Other Words of Wisdom*.

Ogline es antiguo alumno de la Tyler School of Art de la Universidad de Temple y impartió clases allí y también en el Moore College of Art & Design. Ogline posee además un MBA con especialización en Gestión de Marketing por la Fox School of Business de la Universidad de Temple.

Las ilustraciones de Ogline (www.timogline.com) han aparecido en *The Wall Street Journal, Institutional Investor, The Philadelphia Inquirer, Utne Reader, Outdoor Life, Philadelphia Style, Loyola Lawyer, How Magazine* y *Mensa Bulletin,* entre otros.

El galardonado estudio de diseño gráfico de Tim Ogline, Ogline Design (www.ogline.design), ha prestado sus servicios a clientes como el Gobernador de Pensilvania Edward G. Rendell, la Casa Blanca, la Asociación Nacional de Gobernadores, Historic Philadelphia, la Asociación Crossroads of the American Revolution, la Asociación Americana para el Avance de la Ciencia, la Escuela de Postgrado de Educación de la Universidad de Pensilvania, la Escuela Wharton, el Albright College y ha aportado soluciones creativas que van desde el diseño de identidades y publicaciones hasta el desarrollo de sitios web.

JOHN SHABLESKI, EDITOR Y DIRECTOR DE PROYECTOS

John Shableski es el editor y director de proyecto de este libro. También es presidente de Reading With Pictures y miembro del consejo asesor de Graphic Mundi. Es un experto a nivel nacional en el desarrollo de la categoría de novela gráfica. Además de la planificación editorial y estratégica, su campo de especialización incluye el estudio de las tendencias de la industria y el desarrollo del mercado para la venta al por menor, la biblioteca pública para la publicación de libros junto con la aplicación en el aula de las novelas gráficas.

John ha trabajado con la Fundación de la Familia Will y Ann Eisner y la Asociación Estadounidense de Bibliotecas para lanzar el programa de la Beca Will Eisner de Novela Gráfica. También fue el artífice de los Premios a la Excelencia en Literatura Gráfica para el Aula de Cultura Pop. Shableski ha trabajado como consultor para una amplia gama de organizaciones, editoriales y eventos: el Museo Norman Rockwell, Facultad de Magisterio de la Universidad Fordham, Conferencia de Nueva Inglaterra sobre las artes del cómic en la educación, Archie Comics, la revista *Heavy Metal*, Zuiker Press y el comité Texas Maverick de la Asociación de Bibliotecas de Texas.

Ha trabajado como miembro del consejo asesor de Book Expo America, como miembro del jurado de los premios Eisner de la Comic Con International, premio Lyn Ward de novela gráfica de la Universidad Estatal de Pensilvania y el Jurado Infantil del Premio de Excelencia en Literatura Gráfica 2021. También ha creado más de 500 horas de programas de desarrollo profesional para educadores, bibliotecarios, minoristas, editores y autores/creadores en ferias, congresos y convenciones del sector en toda Norteamérica como la New York Comic Con, la Comic-Con International (San Diego) y la Feria Internacional del Libro de Miami.

HENRY GOLDBERG, ASESOR DE LA HISTORIA

Henry D. Goldberg nació en junio de 1948, hijo de Felix y Bluma Goldberg, judíos polacos supervivientes del Holocausto. Nació en un campo para las personas desplazadas administrado por los estadounidenses en Landsberg, Alemania.

Como niño pequeño, inmigró con sus padres a Estados Unidos en 1949. Se asentaron en Columbia, Carolina del Sur donde su padre encontró trabajo como conserje de una tienda de baldosas. Henry asistió a las escuelas públicas de Columbia y se licenció en Administración de Empresas por la Universidad de Georgia en 1970. De 1970 a 1976, Henry sirvió en la Guardia Nacional Aérea de Carolina del Sur, en la base McEntire ANG.

Se casó con Gloria Goldberg en 1972 y tienen dos hijos, Jason y Adam. Jason vive en Charleston, Carolina del Sur y Adam en Los Angeles, California. Henry y Gloria Goldberg tienen tres nietos.

Henry trabajó para su padre en el Tile Center durante doce años antes de emprender su propio negocio en 1982. Siguiendo los pasos de su padre como empresario, es el fundador y presidente de Palmetto Tile Distributors.

Henry es un gran defensor de la comunidad judía. Ha formado parte del Consejo de Administración de la Sinagoga Beth Shalom durante muchos años. Fue Presidente del Centro Comunitario Judío de Columbia durante dos mandatos de un año y Presidente de la Federación Judía de Columbia. Además, ha sido miembro del Consejo de Administración de la Fundación Comunitaria de Carolina Central. También es un firme partidario de los esfuerzos para reforzar la educación y la concienciación sobre el Holocausto y para asegurar que las historias de su familia y las de muchas otras sigan vivas.

KARL GOLDBERG, ASESOR DE LA HISTORIA

Karl Goldberg nació el 26 de junio de 1953 en Columbia, Carolina del Sur, cuatro años después de que sus padres, Bluma y Felix Goldberg, inmigraran a Estados Unidos. Se licenció en Sociología por la Universidad de Carolina del Sur (USC) en 1976. Durante su estancia en la USC, Karl pasó un semestre en el extranjero, en un kibbutz de Israel. Después regresó a Columbia para trabajar en el negocio familiar.

Karl ha formado parte del Consejo de Administración de la Sinagoga Beth Shalom, del Centro Comunitario Judío de Columbia (JCC) y del comité que planifica el servicio del Día de Conmemoración del Holocausto. Fue Presidente de la Liga Juvenil de Baloncesto del JCC y entrenador de los equipos de baloncesto femenino y masculino. Durante los últimos veinte años ha dado charlas sobre las experiencias de sus padres en el Holocausto a grupos en todo el estado. Su meta es educar al público, en particular a los estudiantes, sobre las atrocidades del Holocausto personalizando la historia de sus padres.

Hoy en día, Karl se enorgullece de continuar el legado de sus padres como propietario y Presidente de The Tile Center Inc, el negocio que sus padres iniciaron en 1957. Es hincha ávido de los deportes, especialmente a los Gamecocks de la USC. A Karl le gusta navegar, pescar, la jardinería y viajar. Con su esposa Margo, tienen dos hijos, Philip Goldberg y Robin Roth, una nieta y dos nietas gemelas en camino.

ESTHER GOLDBERG-GREENBERG, ASESORA DE LA HISTORIA

Esther Greenberg nació en febrero de 1957 en Columbia, Carolina del Sur. Era la menor de tres hijos, cuyos padres, Bluma y Felix Goldberg, sobrevivieron al Holocausto e inmigraron a Estados Unidos.

El padre de Esther, Felix, fundó The Tile Center en 1957, un exitoso negocio de baldosas, en donde Esther sigue trabajando. La madre de Esther, Bluma, trabajó en el negocio durante más de viente años. Hoy, Esther es copropietaria del negocio.

Esther se licenció en Nutrición por la Universidad de Georgia. Después trabajó como nutricionista registrada durante diez años. Se casó con Ira Greenberg en 1981 y tienen tres hijos. Sus hijas Leah y Rachel viven en Atlanta y en Filadelfia, respectivamente. El hijo de Esther, Sam, vive en Columbia. Esther e Ira tienen dos nietos.

Esther también participa activamente en la comunidad judía de Columbia. Trabajó como Presidenta de la Federación Judía de Columbia durante dos años y como miembro de su Consejo de Administración durante años. Actualmente es copresidenta de la Comisión de Educación sobre el Holocausto de Columbia, cuya meta es promover la educación sobre el Holocausto en Carolina del Sur. Esther habla con frecuencia a los estudiantes y otros grupos comunitarios para contar la historia de sus padres.

AGRADECIMIENTOS

E sta novela gráfica no podría haber sido posible sin la cooperación y la bendición de la familia Goldberg: Henry Goldberg, Karl Goldberg y Esther Goldberg-Greenberg. Les agradecemos que hayan compartido con nosotros la historia de Bluma Tishgarten Goldberg y Felix Goldberg para que podamos traerla a ustedes.

Esperamos mantener viva su memoria y que su historia siga siendo tanto un ejemplo de la resistencia del espíritu humano como una advertencia de los horrores que resultan del racismo y del odio hacia los demás.

Los autores quisieran expresar su profunda gratitud por la participación y asistencia de las siguientes personas:

Dr. Karen Gavigan, Directora Interina, Escuela de Ciencias de la Información, Universidad de Carolina del Sur

Bernd Horstmann, Conservador, Registro de nombres/Exposición permanente

Vincent E. Slatt, Bibliotecario, Museo Conmemorativo del Holocausto de Estados Unidos

Dr. Doyle Stevick, Centro Ana Frank, Universidad de Carolina del Sur

Dr. habil. Christoph Thonfeld,
Leiter der wissenschaftlichen Abteilung/Jefe del Departamento
de Investigación, KZ-Gedenkstatte Dachau/ Sitio Conmemorativo del Campo
de Concentración de Dachau

Este trabajo no podría haberse completado sin la paciencia, el amor y el apoyo de nuestras familias y amigos.

De Frank: La Conferencia sobre las reclamaciones materiales de los judíos contra Alemania creó una campaña de conciencia usando el lema "Comenzó con palabras". ¡Qué profético! Fueron las palabras de Felix Goldberg (de bendito recuerdo) las que me iniciaron en el camino que culminó en esta novela gráfica. Gracias a una recomendación que me hizo un colega de la Universidad de Carolina del Sur, me puso en contacto con John Shableski, que reconoció inmediatamente la importancia del tema (y de la historia) como algo que había que contar. Poco después, conocí al extraordinario artista Tim Ogline y así comenzó el camino que dio lugar a este libro. No podría haberlo cumplido sin su íble conocimiento, apoyo y paciencia. Y sería negligente no agradecer a la familia Goldberg — que me abrió su corazón — por hablarme de sus momentos íntimos con sus padres y también por respaldar este libro desde el principio. Sabemos que los jóvenes necesitan nuevos enfoques para comprender el Holocausto, y rezamos para que esta novela gráfica sea un paso más en la superación de la ignorancia generalizada.

De Tim: Estoy eternamente agradecido por el amor y el apoyo de mi familia, en particular a mi esposa Candice, por su paciencia conmigo y con todas las largas noches y los fines de semana que he dedicado a este trabajo. Ella ha entendido la misión y lo que significa. Y gracias sobre todo a John Shableski por enviarme el mensaje de Facebook que cambió mi vida... y me presentó a Frank Baker, un hombre al que admiro de verdad y con el que he colaborado durante los últimos dieciocho meses. Tenemos un equipo increíble y estoy agradecido de haber tenido la oportunidad de trabajar con Frank y John en este libro.

De John: Antes que nada, gracias a mi familia: Rhonda, Addison, Ashley, Collin y Alaina por su amor y apoyo...y su paciencia. Muchísimas gracias a este grupo de expertos: Frank Baker y Tim Ogline. Ha sido un viaje increíble. Tengo una enorme deuda de gratitud con los bibliotecarios que son la fuerza impulsora de esto que llamamos novela gráfica. Los bibliotecarios son la razón por la que vivo y respiro en este mundo editorial. A Kat Kan, Robin Brenner, Eva Volin, Mike Pawuk, Francesca Goldsmith, Michele Gorman, Steve Wiener, Candice Mack, Karen Green, Melissa Jacobs, Amie Wright (entre muchos otros); ustedes hicieron posible este libro. Y un último agradecimiento a mis profesores. No sólo me enseñaron un mundo más grande, muchos de ustedes me salvaron literalmente la vida.

LINEA TEMPORAL

LOS ACONTECIMIENTOS RELACIONADOS A LA SEGUNDA GUERRA MUNDIAL Y EL HOLOCAUSTO

1914

28 julio	Comienza la Primera Guerra Mundial

1917

2 enero	Se establece el reino de Polonia
2 enero	Nació Felix Goldberg cerca de Kalisz, Polonia
7 mayo	El RMS Lusitania es atacado y hundido por la Armada alemana, muriendo los 1.198 que iban a bordo

1918

11 noviembre	Termina la Primera Guerra Mundial

1919

28 junio	Se firma en París el Tratado de Versalles, que pone fin oficialmente a la guerra entre Alemania y los Poderes Aliados

1925

18 julio	Se publica *Mein Kampf* de Adolf Hitler

1926

12–14 mayo	El Golpe de Mayo fue un golpe de estado llevado a cabo en Polonia por el mariscal Józef Pitsudski
10 junio	Nació Bluma Tishgarten en Pinczow, Polonia

1933

20 enero	Adolf Hitler se convierte en canciller alemán, Hitler nombra a Joseph Goebbels Ministro de Propaganda
27 febrero	Incendio provocado del edificio del Parlamento alemán (Reichstag) en Berlín
22 marzo	Apertura del campo de concentración Dachau
23 marzo	Se aprobaron las Leyes de Habilitación
1 abril	Comienza el boicot a los negocios judíos
10 mayo	Quema de libros en la Plaza de la Ópera de Berlín

1935

15 septiembre	Anuncio de las Leyes Raciales de Núremburg

1937

15 julio	Apertura del campo de concentración Buchenwald

1938

26 marzo	Herman Goring advierte a los judíos que abandonen Austria
13-18 junio	Comienzan las primeras detenciones masivas de judíos
30 septiembre	Conferencia de Múnich – acuerdo entre Gran Bretaña, Francia, Italia y Alemania por el que se cede a Alemania la región checoslovaca de Sudetenland
9–10 noviembre	Kristallnacht (Noche de los cristales rotos)
15 noviembre	Expulsión de niños judíos de las escuelas públicas alemanas

1939

27 mayo	Barco con refugiados judíos rechazado en La Habana, Cuba
1 septiembre	Comienza la Segunda Guerra Mundial
4 septiembre	Los nazis invaden Pinzcow, Polonia
13 septiembre	Felix Goldberg es prisionero de guerra

1940

9 abril	Alemania invade Dinamarca y Noruega
6 mayo	Apertura del campo de concentración Auschwitz-Birkenau
10 mayo	Comienza la batalla de Francia. Holanda, Bélgica y Luxemburgo caen rápidamente bajo control alemán
14 junio	Los primeros prisioneros llegan a Auschwitz-Birkenau
7 septiembre	Comienza la "blitzkrieg" nazi de Londres (dura 57 días)

1941

6 abril	Alemania invade Yugoslavia y Grecia
22 junio	Alemania invade la Unión Soviética
29–30 septiembre	Masacre de Babi Yar (Ucrania)
7 diciembre	Japón bombardea Pearl Harbor, Hawai
8 diciembre	"Un día que vivirá en la infamia", el discurso de Presidente Franklin Roosevelt ante el Congreso y a los estadounidenses
11 diciembre	Estados Unidos declara la guerra a Alemania
12 diciembre	Hitler declara "la destrucción de la raza judía" a la dirección del Partido Nazi y ordena el Holocausto y el genocidio de los judíos europeos.

1942

20 enero	Altos cargos nazis se reúnen en una villa de Berlín, Alemania. En la Conferencia de Wannsee se planifica y pone en marcha la "Solución Final".
19 abril-16 mayo	Levantamientos en el gueto de Varsovia
6 julio	Ana Frank y su familia se esconden

1944

6 junio	(Día D) Los poderes aliados invaden Normandía, Francia
4 agosto	Ana Frank y su familia son detenidos y deportados a Auschwitz-Birkenau
16 diciembre de 1944 a 16 enero de 1945	Batalla de las Ardenas (Bélgica-Luxemburgo)

1945

27 enero	Auschwitz-Birkenau liberado por tropas rusas
19 febrero–26 marzo	La batalla de Iwo Jima
11 abril	Buchenwald liberado por tropas aliadas
15 abril	Emisión de Buchenwald del periodista de la CBS Edward R. Murrow
24 abril	Congresista estadounidense y los medios de comunicación visitan Buchenwald
7 mayo	Se rinde Alemania
6 agosto	EE.UU. lanza la bomba atómica sobre Hiroshima, Japón
9 agosto	EE.UU. lanza la bomba atómica sobre Nagasaki, Japón
2 septiembre	Se rinde Japón; señala el final de la Segunda Guerra Mundial
20 noviembre	Comienzan los juicios de Núremberg

GLOSARIO

Para la mayoría de las definiciones empleadas en este libro se han utilizado varios recursos, incluso dictionary.com, Wikipedia, el Museo Conmemorativo del Holocausto de Estados Unidos y otros. Agradecemos la oportunidad de compartirlos con el lector.

ANTISEMITISMO
Hostilidad o discriminación contra los judíos como grupo religioso o racial.

BOICOT
Retirarse de las relaciones comerciales o sociales con un país, organización o persona como un castigo o protesta.

CAMPO DE CONCENTRACIÓN
Un sitio donde un gran número de personas, en particular los prisioneros políticos o miembros de minorías perseguidas se encarcelan a propósito dentro de una zona pequeña con instalaciones inadecuadas, a veces para realizar trabajo forzado o para esperar una ejecución masiva.

El término está más asociado con los cientos de lugares creados por los nazis en Alemania y la Europa ocupada durante 1933 a 1945, entre los más infames fueron Dachau, Belsen y Auschwitz.

CAMPO DP
Campo de personas desplazadas.

CAMPO DE TRABAJO
Ver CAMPO DE TRABAJO FORZADO.

CAMPO DE TRABAJO FORZADO
Durante la Segunda Guerra Mundial los nazis operaron varias categorías de Arbeitslager (campos de trabajo) para distintos grupos de presos. Los prisioneros en los campos de trabajo nazis o trabajaban hasta la muerte con raciones escasas en malas condiciones o eran asesinados si ya no podían trabajar. Muchos murieron como resultado directo del trabajo forzado bajo los nazis.

CHEDER
Escuela para los niños judíos en la que se enseña hebreo y conocimientos religiosos.

CONVENCIÓN DE GINEBRA
Tratado internacional para el trato humano de los civiles y prisioneros de guerra en tiempo de guerra.

CREMATORIO
Sitio para la cremación de los muertos.

DECRETO DE INCENDIO DEL REICHSTAG
El Decreto del Incendio del Reichstag dio permiso al régimen para detener y encarcelar a opositores políticos sin cargos concretos, disolver organizaciones políticas y suprimir publicaciones. Dio también al gobierno central la autoridad para invalidar las leyes estatales y locales y derrocar a los gobiernos estatales y locales.

DESPIOJAR
El proceso de librar a una persona o animal de piojos y otros insectos parásitos.

DIÁSPORA
La dispersión de cualquier pueblo de su patria original.

EXTERMINACIÓN
Eliminar destruyendo por completo.

FIEBRE TIFOIDEA
Grupo de enfermedades causadas por bacterias que se transmiten al ser humano por pulgas, piojos y niguas y producen fiebre, tos, sarpullidos y dolores musculares.

GUETOS
Lugares en donde se retenía a los judíos como prisioneros, por lo general en condiciones superpobladas e insalubres con una escasez severa de comida, agua y medicamentos.

INMIGRANTE
Persona que va a vivir permanentemente a un país extranjero.

JUDE
Palabra alemana para judío.

JUDENFREI
Designación a la zona o región a la que los judíos fueron trasladados a la fuerza o asesinados.

MARCHA DE LA MUERTE
Una marcha forzada de prisioneros de la guerra u otros cautivos o deportados en la que se deja morir a los individuos por el camino.

MEZUZÁ
Un pergamino inscrito con textos religiosos y sujeto en un estuche a la jamba de una casa judía como signo de fe.

ORTODOXO
Judío que sigue fielmente los principios y prácticas del judaísmo tradicional como lo demuestran la devoción y el estudio de la Torá, su asistencia a la sinagoga diaria cuando sea posible, y la estricta observancia del Shabat, los festivales religiosos, los días sagrados y las leyes dietéticas.

PERSONA DESPLAZADA
Una persona expulsada, deportada u obligada de huir de su país de origen o residencia habitual por las fuerzas o consecuencias de la guerra o la opresión.

POGROMO
Disturbio violento con el fin de matar o expulsar un grupo étnico o religioso, dirigido a los judíos en particular.

PREJUICIO
Falta de tolerancia y una hostilidad hacia personas o grupos basadas en factores tales como raza, religión u orientación sexual.

PROPAGANDA
Los nazis utilizaron eficazmente la propaganda para ganarse el apoyo de millones de alemanes, tanto en una democracia como, más tarde, durante una dictadura, para facilitar la persecución, la guerra y al final el genocidio. Los estereotipos y las imágenes de la propaganda nazi no eran nuevos, sino que ya estaban conocidos por su audiencia destinataria.

RACISMO
La creencia de que la raza es un determinante fundamental de los rasgos y capacidades humanas y que las diferencias raciales dan lugar a la superioridad inherente de una raza concreta.

RAZA INFERIOR
Personas consideradas menos importantes por tener menos estatus o capacidad.

REFUGIADO
Persona que se ve obligada a abandonar su país para huir de la guerra, la persecución o un desastre natural.

SS (TAMBIÉN CONOCIDO COMO SCHUTZSTAFFEL)
Fuerza policial especial nazi. Fundada en 1925 por Hitler como su escolta personal, las SS proporcionaban fuerzas de seguridad (incluida la Gestapo) y administraban los campos de concentración.

SHABBAT
En la religión judía, el tiempo entre la puesta de sol del viernes y la puesta de sol del sábado — un tiempo de cese del trabajo (para muchos) y un tiempo de oración y contemplación.

SHOÁ
Término judío para el *Holocausto*.

SINAGOGA
Templo de culto judío.

SOLUCIÓN FINAL
La política nazi de exterminio de los judíos europeos. Introducida por Heinrich Himmler y administrada por Adolf Eichmann, la política resultó en el asesinato de 6 millones de personas judías en los campos de concentración entre 1941 y 1945.

TOLERANCIA
Aceptación de y respeto por una persona o grupo independientemente de su raza, religión u orientación sexual.

TRABAJO ESCLAVO
El trabajo forzado e inadecuadamente recompensado, o las personas que lo realizan.

TRABAJO FORZADO
Ver TRABAJO ESCLAVO.

ÍNDICE

MÁS INFORMACIÓN

VISITE EL SITIO WEB STORIES OF SURVIVAL.

Escanee el código QR con la cámara de su teléfono para obtener más información sobre Bluma y Felix Goldberg y su historia milagrosa de riesgo, resistencia y renovación.

www.storiesofsurvival.org

Stories Of Survival   ×   +

storiesofsurvival.org

WE SURVIVED THE HOLOCAUST: THE BLUMA & FELIX GOLDBERG STORY

Stories *of Survival*

Stories of Survival

The Story Of Felix And Bluma Goldberg

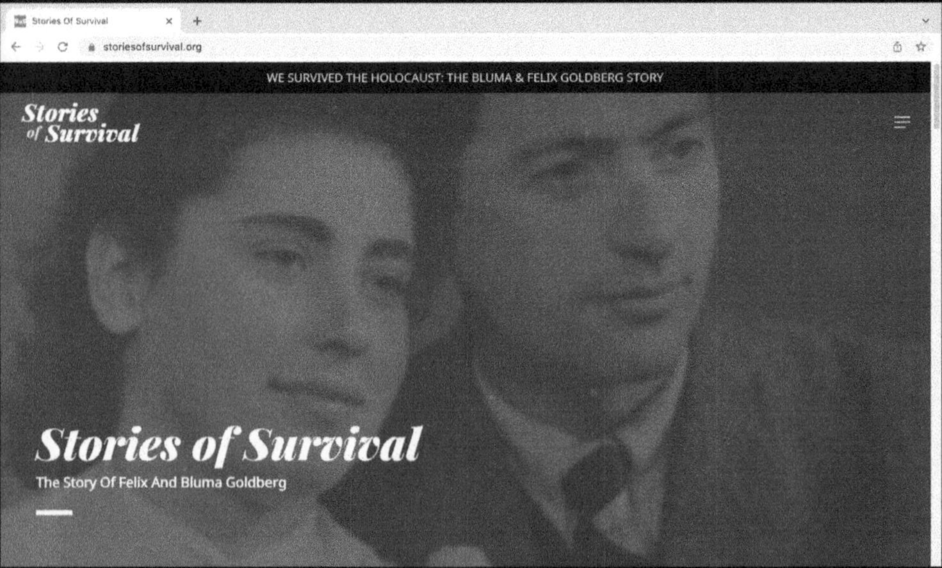

www.ingramcontent.com/pod-product-compliance
Lightning Source LLC
Chambersburg PA
CBHW051526120626
46551CB00012B/1094